KB185033

논어

"NEMURENAKUNARUHODO OMOSHIROI ZUKAI RONGO"

supervised by Yoji Yamaguchi
Copyright © NIHONBUNGEISHA 2019

All rights reserved.
First published in Japan by NIHONBUNGEISHA Co., Ltd., Tokyo
This Korean edition is published by arrangement with NIHONBUNGEISHA Co., Ltd.,
Tokyo in care of Tuttle-Mori Agency, Inc., Tokyo, through, ERIC YANG AGENCY, Seoul.

한 권으로 끝내는 인문 교양 시리즈 | 야마구치 요지 감수 | 양지영 옮김

2,500년 동안 바래지 않고
흔들리는 삶의 지표가 되어준
『논어』 42수

시대를 넘어 살아 숨 쉬는
논어

삶, 일, 배움, 인간관계, 정치,
마음을 바로잡는 지혜

RHK
알에이치코리아

시대를 넘어서 살아 숨 쉬고
지혜를 주는 공자의 가르침

지금으로부터 약 2,500년 전에 살았던 사람의 말이 여전히 남아 있다는 사실은 기적에 가까운 일이 아닐까? 『논어』에 기록된 공자의 어록은 '공자께서 말씀하시길'로 시작하는 것처럼 공자의 언행이 그대로 적혀 있다. 『논어』는 제자들이 스승의 말을 듣고 기억하기 위해 옷 소매나 죽간에 적어서 남겨둔 것이라고 한다.

- 子曰 溫故而知新 可以爲師矣

  자왈 온고이지신 가이위사의, <위정편 제2장>

공자께서 말씀하시길 옛것을 익혀 새로운 것을 알면 스승이 될 수 있다고 하셨다. 옛 성인들의 가르침을 천천히 생각하고, 거기서 깨달음을 얻는다면 남을 가르치는 스승도 될 수 있다는 뜻이다.

5

• 子曰 君子和而不同 小人同而不和

자왈 군자화이부동 소인동이불화, <자로편 제13장>

공자께서 말씀하시길 군자는 화합하되 뇌동하지 않고, 소인은 뇌동하나 화합하지 않는다고 하셨다. 군자는 도리를 알면 남과 화합하되 겉으로만 잘 지내는 척 꾸미지 않는다. 소인은 이와 반대로 남과 화목하게 지내는 것처럼 행동하지만 남과 화합해서 일을 도모하지 못한다.

일본에서 이러한 문장들은 중·고등학교 국어 시간에 배운다. 2,500년 전 공자의 말이 윤리와 도덕의 가르침이 되어 참된 인간으로 살아가기 위한 하나의 지침이 되어준다.

혹시 시부사와 에이치라는 사람을 알고 있는가? 메이지 시대에 눈부신 활약으로 일본 자본주의 기틀을 만든 사람이다. 현 미즈호은행의 전신인 제1 관업은행, 오지제지, 지치부시멘트, 도쿄해상화재, 일본우선 등 500여 개나 되는 회사를 일으켰고, 일본적십자사와 같은 공익 단체를 비롯해 도쿄경제대학교, 도쿄여자대학교 등의 설립에도 관여했다.

금융, 산업, 교육 등 다양한 분야에 걸쳐 대단한 성과를 냈던 인

6

물이라서 보통 그가 부자를 꿈꿨을 것이라고 생각하기 쉽다. 하지만 시부사와는 그러한 목적으로 500여 개나 되는 회사를 세운 것이 아니다. 그는 오로지 일본의 근대화와 생활에 도움이 되는 회사를 만들어 사람들의 삶을 윤택하게 하고자 했고, 회사 경영은 다른 사람에게 맡겼다. 그는 죽을 때 재산이 거의 없었다고 한다. 하지만 시부사와 주변에는 그가 만든 회사의 도움을 받으면서 남을 돕는 일에 행복을 느끼는 사람들로 넘쳐났다. 그리고 시부사와는 『논어와 주판』과 『논어강의』라는 책도 저술했다. 『논어』의 정신만 있으면 인생의 어떤 역경도 뚫고 나갈 수 있다고 믿었다.

『논어』에서 가장 많이 볼 수 있는 '인仁'은 일본 천황 이름에 많이 붙는다. 메이지 천황은 무쓰히토睦仁, 다이쇼 천황은 요시히토嘉仁, 쇼와 천황은 히로히토裕仁 그리고 얼마 전에 퇴위한 헤이세이 천황의 이름도 아키히토明仁였다. 그 이유는 천황이 공자가 말한 '인'이라는 정신을 잊지 않게 하기 위해서다. 『일본서기』에 따르면 일본에 처음 중국 서적이 전해진 시기는 오진 천황応神天皇 때였다고 한다. 그때 전해진 책이 『논어』였다.

일본에는 전설이 있던 시절부터 지금까지 쭉 『논어』가 살아 숨쉬고 있다.

야마구치 요지

시작하며

목
차

1장 좋은 삶이란?

2장 일 · 직업이란?

3장 배움이란?

4장 인간관계란?

5장 정치란?

6장 마음을 담는 것이란?

논어의
탄생과 배경

◇ 『논어』의 탄생과 공자의 가르침

　『논어』는 기원전 6~5세기경의 중국 사상가 공자의 가르침을 정리한 책이다. 당시 중국의 사상가는 학문에만 몰두하지 않고 실제로 정치에도 참여했다. 공자도 정치에 관여하기를 희망했으나 그의 주장은 너무 이상적이라는 이유로 수용되지 못했다.

　그래서 공자는 전국 각지를 주유하면서 자신의 사상을 전파했다. 공자의 사상에 공명하는 사람들이 늘어났고, 제자가 되어 가르

◇ 유시마 성당(도쿄도 · 분쿄구)

1690년에 에도 막부 5대 쇼군 도쿠가와 쓰나요시德川綱吉가 세운 공자 사당이다. 나중에 막부 직할 학문소가 되었다. 인기 시대극 드라마인 〈망나니 장군〉에서도 8대 쇼군 도쿠가와 요시무네德川吉宗가 『논어』를 읽는 장면이 나오는 것을 보면 에도 시대에 『논어』를 얼마나 중요하게 여겼는지 알 수 있다.

침 받기를 원하는 사람들이 모여들었다. 제자들은 일반 백성에서 대부(오품 관직)까지 다양한 계층이었다. 3,000명이나 되는 제자들을 공자는 독특한 방법으로 교육했다. 각 제자의 개성이나 성격에 맞춘 섬세한 지도였다.

문제는 공자가 죽고 나서 발생했다. 공자가 제자들을 지도한 방법이 엉뚱한 결과를 초래해서 제자들 사이에서 생겨난 의견의 차이가 겉으로 드러나기 시작한 것이다. 마침 그때 중국에서는 제자백가(다양한 사상가)가 출현해서 다양한 주장을 펼치고 있었다. 제자들은 공자의 가르침을 널리 알리기 위해서 1권의 책으로 집대성해야겠다고 생각했다. 그렇게 제자들의 노력으로 탄생한 책이 『논어』였다. 공자가 죽은 지 100년 정도의 시간이 흐른 뒤였다.

400~500년 후 진나라 시황제 시대가 되자 그때까지 수용되던 유교(공자를 원조로 삼은 교학)가 배척된다. 민간에서 사용되던 의약과 농업을 제외한 많은 서적이 불에 태워졌다. 시황제는 수백 명의 유자儒者들을 구덩이에 묻어 살해했다. 이 사건이 역사상 가장 악명 높은 분서갱유焚書坑儒다.

◇ **아시카가足利 학교(도치키현·아시카가시)**
일본에서 가장 오래된 학교로 알려져 있다. 1549년 예수회의 선교사 프란시스코 자비에르가 '일본에서 가장 크고 유명한 간토의 대학교'라고 세계에 소개했다. 아시카가 학교에서는 유교를 중심으로 한 학문을 가르쳤다. 『논어』를 배우던 유서 깊은 장소다.

공자의 일족은 위기를 감지하고 『논어』의 원본을 재빨리 집 흙벽에 발라 감춰서 위기를 모면했다. 당시 책은 종이에 글자를 적은 것이 아니라 죽간 또는 목간에 기록해 만들었기 때문에 흙벽에 숨길 수 있었다.

이후 공자의 가르침은 한나라 시대에 유교로 국교화되고 『논어』는 성전으로 보급되었다.

◇ 『논어』의 매력과 문학

메이지 시대 이후 일본에서는 유럽의 영향을 받은 소설이 많이 쓰였다. 하지만 그러한 흐름 속에서도 『논어』의 영향을 받은 작품도 다수 있었다. 『논어사감』을 저술한 사람은 이상주의 사조 시라카바 파白樺派의 중심에서 활동했던 무샤노코지 사네아쓰武者小路実篤(소설가이자 시인, 극작가, 1885~1976년)다. 이상주의를 내걸고 새로운 마을을 창조하자는 사회 개혁을 꾀했지만 어느 순간에 삶의 방향을 전환하면서 빠져든 사상이 『논어』였다. 새로운 마을 창조에 대

◇ 무샤노코지 사네아쓰

1855년 5월 12일 탄생, 1976년 4월 9일 사망. 이상주의 사조 시라카바 파의 중심 인물로 활약했다. 이후 『논어』의 세계에 빠져서 삶의 원동력을 발견했다. 공자의 가르침과 이상주의를 융합한 책 『논어사감』이 있다.

한 신념에서 멀어졌어도 이상주의가 완전히 사라지진 않았다. 『논어사감』은 공자의 가르침과 이상주의가 융합된 책이었다.

『지로 이야기』로 유명해진 시모무라 고진下村湖人(소설가이자 사회교육가, 1884~1955년)은 소설 『논어 이야기』를 만들었다. 쉬운 언어로 표현된 『논어』의 해석 범위는 폭이 넓었기 때문에 『논어 이야기』는 사상서라기보다는 교육서의 특징을 갖췄다. 소년 소녀를 위한 『논어』의 입문서로 쓴 이 책에서는 소설이라는 방식을 통해 교육론을 전개했다. 새삼 논어의 깊이를 깨닫게 된다.

『오층탑』과 『풍류불』 등을 저술한 고다 로한幸田露伴(소설가, 1867~1947년)도 논어의 가르침에 매력을 느낀 사람 중 한 명이다. 로한은 근대 일본 문학계에서 공자의 본질에 가장 접근했다는 평가를 받는 『열락』을 남겼다.

또한 나쓰메 소세키夏目漱石(소설가, 1867~1916년)는 소설 『나는 고양이로소이다』와 『우미인초』 등에 『논어』의 문장을 인용하기도 했다.

일본에서는 국가 체제에 맞춰 해석되면서 전해졌고, 중국에서

◇ 시모무라 고진
1884년 10월 3일 탄생, 1955년 4월 20일 사망. 『지로 이야기』로 유명한 고진이 『논어』의 내용을 소설 형식으로 발표한 책이 『논어 이야기』다. 사상서라기보다는 교육서의 특징을 갖춘 책이다.

도 비판적으로 논의되는 부분이 있지만 2,500년간 전해 내려온 『논어』는 인간으로서 지녀야 할 마음가짐을 차분히 이야기할 뿐 다른 생각이나 의도는 없다. 그래서 긴 세월 동안 우리에게 친숙한 존재일 수 있었다.

『논어』는 어려운 책이 아니다. 그리고 생각이나 사상도 낡지 않았다. 『논어』의 매력은 간단명료 그리고 간결함이라서 시대의 장벽을 초월해 언제, 누구에게나 쉽게 다가갈 수 있다.

21세기인 지금 우리는 공자로부터 무엇을 배울 수 있을까? 그것은 한 사람 한 사람의 판단에 달려 있다. 공자의 말은 사람의 마음을 부드럽게 흔든다. 어려움이 많은 시대기에 공자의 말이 더욱 우리의 갈 길을 시사해줄 것이다.

부끄럽지 않은
보수를 받는다

憲問恥 子曰 邦有道穀 邦無道穀 恥也
헌문치 자왈 방유도곡 방무도곡 치야

의미

헌(공자의 제자 원헌)이 부끄러움에 대해 물었다. 공자께서 말씀하셨다. 나라에 도가 있다면 봉급을 받지만 나라에 도가 없는데 봉급을 받는 것은 부끄러운 일이다.

공자는 나라가 태평할 때 일하지 않고 급여를 받거나 나라가 그릇된 일을 행할 때 그것을 모른 척하며 급여를 받는 일, 모두 부끄러운 일이라고 말한다. 그는 돈을 버는 방법도 중요하게 생각했다. 하지만 돈을 버는 일에는 규칙이 있고, 그 규칙을 어기는 행위는 부끄러운 일이라고 일관했다. 돈을 위해서라면 무슨 일을 해도 괜찮다는 뜻이 아니다.

17

1장

좋은 삶이란?

배움은
인생의 기쁨

◆ ◆ ◆

子曰 學而時習之 不易說乎 有朋自遠方來
不亦樂乎 人不知而不慍 不亦君子乎

자왈 학이시습지 불역열호 유붕자원방래
불역낙호 인부지이불온 불역군자호

(해석)

공자께서 말씀하셨다. 학문으로 배운 것을 반복해서 익히면 더욱
이해가 깊어지니 기쁜 일이다. 또한 벗이 먼 곳에서 찾아와주니 즐거
운 일이다. 남들이 자신을 알아주지 않는다고 원망하거나 성내지 않아
도 된다. 그것이야말로 훌륭한 사람이 아니겠는가?

이 문장은 『논어』 20편 중 가장 처음에 나오는 유명한 구절이
다. 이 문장 속에서 공자는 인생의 기쁨이 무엇인지를 이야기한다.
이는 『논어』에 일관된 근본 사상이자 철학이다.

2
0

배움은 스승이나 책을 통해 얻을 수 있으나 아는 것에서 그치지 않고, 배운 바를 반복하면 자연스럽게 익힐 수 있다는 뜻이다. 또한 마음이 통하는 벗과 가끔 만나서 이야기를 나누는 일이야말로 인생의 즐거움이라고 한다.

만약 세상 사람들이 자신을 인정하지 않는다고 그들을 원망한다면 훌륭한 사람이라고 할 수 없다. 남의 평가에 신경 쓰지 않고 자기 신념이 곧 기쁨인 삶의 자세가 중요하다고 공자는 말한다.

자신이 행복하다고
느끼는 삶의 자세가
중요하느니라

인생의 기쁨이란…

| 스승에게 배운 것을 복습해서 이해를 깊게 한다 | 마음이 통하는 벗과 가끔 만나서 이야기를 나눈다 | 세상 사람들의 평가가 아닌, 스스로 즐거운 삶의 방식을 찾는다 |

↓

논어에서 일관된 근본 사상이자 철학

원 포 인 트

남의 평가에 신경 쓰지 않아도 됩니다.

자기 신념이 곧 기쁨인 삶의 자세가 중요하지요.

반성하는 겸허한
마음이 중요하다

◆ ◆ ◆

曾子曰 吾日三省吾身 爲人謀而不忠乎
與朋友交而不信乎 傳不習乎

증자왈 오일삼성오신 위인모이불충호
여붕우교이불신호 전불습호

(해석)

증자(공자의 제자)가 말했다. 저는 하루에 세 가지를 반성하려고 합니다. 남의 고민을 들을 때 진심을 다했는가? 벗과 사귀면서 신의를 지켰는가? 배운 것을 아직 익히지 않았음에도 알은체하며 남을 가르치려 하지 않았는가?

하루를 마무리할 때 매일 자신의 행동을 반성하는 일은 쉬워 보여도 사실 어렵다. 자기중심적인 사람은 남에게 상처를 주고도 반성은커녕 자신의 행동을 깨닫지 못해서 태연하게 같은 행동을 반

복한다. 확실하지 않은 이야기를 마치 다 안다는 듯이 타인에게 전달하는 일도 좋지 않다. 최근에는 인터넷에 진짜 같은 거짓 이야기를 올려서 세상을 농락하는 사람도 있다.

올바른 삶의 방식을 지키려고 노력해도 잘못을 저지르거나 실수를 하는 경우도 많다. 그럴 때는 깊이 반성해서 다시 같은 실수를 반복하지 않는 것이 중요하다.

반성하면 겸허한 마음가짐을 지닐 수 있다. 더 나은 인생을 위해서는 반성을 통해 문제점을 개선하고 새로운 단계로 나아가기 위해 노력해야 한다.

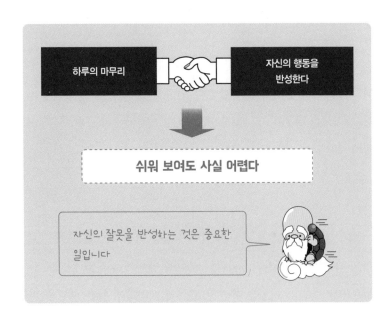

저는 하루에 세 가지 일을 반성하려고 합니다

- 남의 고민을 들을 때 진심을 다했는가?
- 벗과 사귀면서 신의를 지켰는가?
- 알은체하며 남을 가르치려 하지 않았는가?

자기중심적인 사람은 남에게 상처를 주고도 깨닫지 못해서 같은 행동을 반복한다

원 포 인 트

자기중심적인 사람은 남에게 상처를 주고도

깨닫지 못해서 같은 실수를 반복합니다.

2
5

잘못이 있으면
고치기를 꺼리지 말라

◆ ◆ ◆

子曰 君子不重則不威 學則不固
主忠信 無友不如己者 過則勿憚改

자왈 군자부중즉불위 학즉불고
주충신 무우불여기자 과즉물탄개

(해석)

공자께서 말씀하셨다. 군자가 신중하지 못하면 위엄이 없고 학문을
해도 견고하지 못하다. 충과 신을 기본으로 삼고, 공경과 두려운 마음
이 없는 사람을 벗으로 삼지 마라. 만약 잘못을 저지르면 꺼리지 말고
바로 뉘우쳐서 고쳐야 한다.

학문을 익히면 지식이 늘어 견식이 높아지고 유연한 정신 상태
를 유지할 수 있다.

완고해서 사물을 올바로 판단하지 못하면 시야가 좁아져서 자

기 주변의 좁은 범위가 세상의 전부인 줄로 안다. 사람은 누구나 잘못을 저지른다. 하지만 잘못을 저지른 다음이 중요하다. 이런저런 변명을 대거나 감추고 싶겠지만 잘못은 잘못으로 솔직히 인정하고 다시 같은 잘못을 반복하지 않도록 엄숙하게 인정해야 한다. '잘못이 있으면 고치기를 꺼리지 말라'는 유명한 문장이다. 잘못을 알았다면 체면이나 위엄에 생길 상처를 생각하지 말고 솔직하게 고치는 게 중요하다. 알면서도 고치지 않으면 잘못이 계속 쌓이고, 결국 되돌릴 수 없는 상황이 되어버린다.

『논어』에 '잘못한 것이 문제가 아니라 잘못을 하고서도 고치지 않는다면 그것이 진짜 잘못이다(과이불개過而不改, 시이과의是謂過矣)'라는 말도 있다. 사람은 잘못을 저지르기 쉽지만 인정하고 고치면 원

래 상태로 되돌릴 수 있다. 하지만 고치지 않으면 그 잘못은 진짜 잘못이 된다는 의미다.

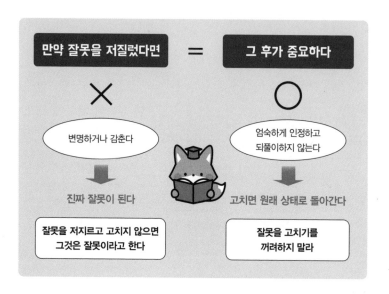

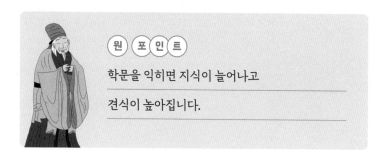

삼십에 이립,
사십에 불혹

◆ ◆ ◆

子曰 吾十有五而志于學 三十而立 四十而不惑
五十而知天命 六十而耳順 七十而從心所欲 不踰矩

자왈 오십유오이지우학 삼십이립 사십이불혹
오십이지천명 육십이이순 칠십이종심소욕 불유구

(해석)

공자께서 말씀하셨다. 나는 15살에 학문에 뜻을 두었고, 30살이 되어 자립했다. 40살에는 미혹되는 일이 없어지고, 50살에는 하늘의 뜻을 알게 되었다. 60살이 되면서 남의 말을 거슬림 없이 편하게 듣게 되었고, 70살이 되니 생각한 바대로 행동해도 법도와 도리에 어긋나지 않게 되었다.

공자가 만년에 인생을 돌아보며 남긴 유명한 말이다. 이 문장에서 비롯되어 15살을 지학志學, 30살을 이립而立, 40살을 불혹不惑,

50살을 지천명知天命, 60살을 이순耳順, 70살을 종심從心이라고 부르게 되었다.

당시 70살은 지금으로 생각하면 100살에 가까운 나이였다. 공자는 74살까지 살았으니 명실공히 장로라고 할 수 있다.

40살이 되면 자신의 인생과 삶의 방식에 흔들림 없는 자신감이 생기고, 50살이 되면 하늘의 뜻이 무엇인지 알게 되는 것일까? 현대를 살아가는 우리에게도 그대로 적용될 것이다.

사람의 마음은 살아 있는 동안에는 계속 성장하는 것이니 '이젠 나이를 먹어서'라는 말에 얽매이지 말고 새로운 일에 도전해서 자신을 향상하는 노력이 중요하지 않을까.

살아 있는 한 사람의 마음은 계속 성장하는 것이니라

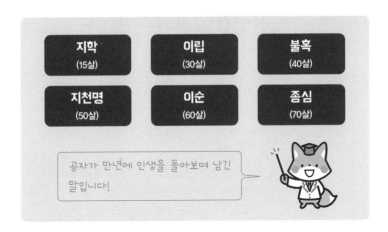

| 지학 (15살) | 이립 (30살) | 불혹 (40살) |
| 지천명 (50살) | 이순 (60살) | 종심 (70살) |

공자가 만년에 인생을 돌아보며 남긴 말입니다!

원 포 인 트

공자는 만년에도 인생을 돌아보며

사람은 매일 성장하는 존재라고 말했습니다.

인생을 살아가는 데
중요한 신용

◆ ◆ ◆

子曰 人而無信 不知其可也
大車無輗 小車無軏 其何以行之哉

자왈 인이무신 부지기가야
대거무예 소거무월 기하이행지재

(해석)

공자께서 말씀하셨다. 사람으로서 신의가 없으면 세상을 잘 살아갈
수 없다. 소달구지에 끌채 마구리가 없고, 사두마차에 멍에가 없다면
말과 소를 연결할 수 없다. 연결하지 못하니 어떻게 끌 수 있을까?

인간관계에는 신의가 중요하고, 신의가 없으면 사회생활은 성
립되지 않는다는 말이다. 신용하지 못할 사람은 좋은 사람이 아닌
게 당연하다.

끌채 마구리도 멍에도 말이나 소를 수레와 연결하는 도구를 말

한다. 이러한 도구를 예로 들어 신용의 중요성을 말했다. 신용이나 신뢰란 형태가 있어 눈으로 볼 수 있는 게 아니라서 가늠하기 어렵다. 따라서 축적된 행동을 통해 통찰할 수밖에 없다.

누군가 "나를 믿어주세요!"라고 말해도 평소 그 사람의 말만 기준으로 두고 판단하려면 선뜻 믿을지 말지 결정하기 어렵다.

유교에서는 인·의·예·지·신 다섯 가지를 도덕의 중요한 요소로 삼는다. 누군가를 믿거나 누군가가 나를 믿어주는 믿음은 인간으로서 책임 있는 행동이 뒷받침되지 않으면 성립하지 않는 엄중한 도리임을 깨닫는 것이 중요하다.

멍에   끌채

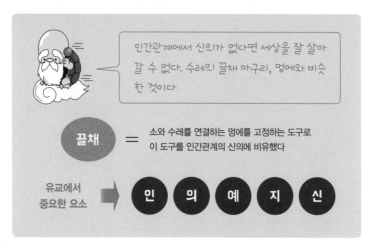

인간관계에서 신의가 없다면 세상을 잘 살아 갈 수 없다. 수레의 끌채 마구리, 멍에와 비슷 한 것이다

끌채 = 소와 수레를 연결하는 멍에를 고정하는 도구로 이 도구를 인간관계의 신의에 비유했다

유교에서 중요한 요소 ➡ 인 의 예 지 신

원 포 인 트

신용이나 신뢰는 눈에 보이지 않는 것이라서

축적된 행동으로 판단할 수밖에 없습니다.

논어

타인의 행동을 통해
자신을 반성한다

◆ ◆ ◆

子曰 見賢思齊焉 見不賢而內自省也

자왈 견현사제언 견불현이내자성야

(해석)

공자께서 말씀하셨다. 현명하고 덕을 쌓은 사람을 만나면 자신도 그러한 사람처럼 되고 싶다고 생각하지만 어리석고 덕 없는 사람의 행실을 보면 자신은 그렇게 하지 않겠다고 반성한다.

타인은 잘 보이기 마련이다. 예를 들어, 자신은 생각하지 못했던 근사한 행동을 하는 사람을 만나면 멋지다는 생각이 들면서 그러한 사람처럼 되고 싶다고 생각한다. 반대로 보기 흉한 행동을 하는 사람을 보면 저 사람처럼 되고 싶지 않다고 생각한다. 타인의 행동은 비판하기 쉬워도 자신이 비판받을 일은 없는지 반성하기는 쉽지 않다.

과거 아이들은 어른의 행동을 보고 해도 될 일과 해서는 안 되는 일을 배웠다. 하지만 지금은 어른이 아이들의 모범이 될 수 있을지 위태롭게 느껴질 때가 많다. 타인의 결점을 발견하는 것처럼 자신의 문제점을 자각했을 때 반성하고 고치는 자세가 중요하지 않을까.

고사성어에도 타산지석이라는 말이 있다. 타인을 볼 때 단지 나와 다른 사람이라고 생각하지 않고 늘 자신을 의식하며 교훈을 얻으면 자신의 성장에 도움이 된다.

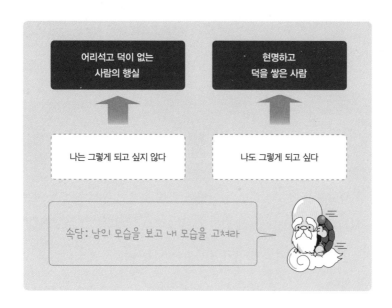

논어

타인의 행동을 비판하는 일은 쉽지만
자신이 비판받을 일이 없는지
반성하기는 어려운 일이다!

함상 자신의 행동을 의식하면서
자신의 성장에 도움이 되는 방향으로 생각한다

원 포 인 트

타인의 결점을 발견하는 것처럼 자신의 문제점을

자각했을 때 반성하고 고치려는 자세가 중요합니다.

행동하지 않으면
아무 일도 일어나지 않는다

◆ ◆ ◆

冉求曰 非不說子之道 力不足也
子曰 力不足者 中道而廢 今女畫

염구왈 비불열자지도 역부족야
자왈 역부족자 중도이폐 금여획

(해석)

　염구(공자의 제자)가 "선생님이 가르치시는 도를 좋아하지 않는 것
은 아니지만 제 힘이 부족하여 발전이 없습니다"라고 말했다. 그러자
공자께서 대답하기를 "힘이 부족한 자는 중도에 포기할 수밖에 없지만
너는 힘이 있는데도 노력할 마음이 없어서 미리 단념해버리는구나"

　성공이라는 결과를 낼지, 실패하는 형태로 중도에 포기할지는
마지막까지 해내는 정신력에 달려 있다. 집념으로 표현되기도 하
지만 아무튼 포기하지 않는 마음이 중요하다.

논어

일본 속담에 '행동하면 된다'라는 말이 있다. 이 속담은 일본 센고쿠 시대의 무장 다케다 신겐武田信玄(1521~1773년)이 읊은 "행동하면 된다. 행동하지 않으면 아무 일도 일어나지 않는다. 될 일을 안 된다고 포기하는 사람은 어리석다"에서 나온 말이다. 검소와 절약으로 선행을 베푼 에도 시대의 요네자와 번주 우에스기 요잔上杉鷹山(1751~1822년)은 마지막 문장을 "어떤 일이든 의지를 가지고 노력하면 반드시 성취한다"로 바꿨는데 지금은 우에스기의 문장을 일반적으로 인용해 사용한다.

행동하면 된다. 행동하지 않으면 아무 일도 일어나지 않는다. 어떤 일이든 의지를 가지고 노력하면 반드시 성취한다. 의지만 있다

면 못할 일이 없다. 못한다는 것은 노력이 부족한 탓이다. 이 말을 통해 공자는 정신력의 중요성을 강조하고 있다.

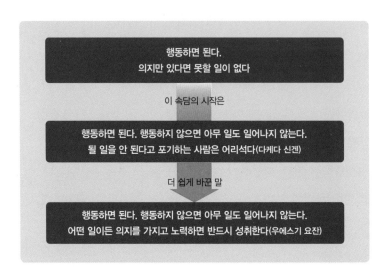

행동하면 된다.
의지만 있다면 못할 일이 없다

이 속담의 시작은

행동하면 된다. 행동하지 않으면 아무 일도 일어나지 않는다.
될 일을 안 된다고 포기하는 사람은 어리석다(다케다 신겐)

더 쉽게 바꾼 말

행동하면 된다. 행동하지 않으면 아무 일도 일어나지 않는다.
어떤 일이든 의지를 가지고 노력하면 반드시 성취한다(우에스기 요잔)

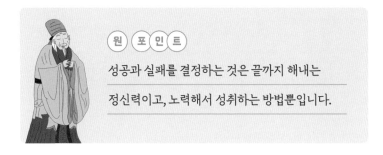

원 포 인 트
성공과 실패를 결정하는 것은 끝까지 해내는
정신력이고, 노력해서 성취하는 방법뿐입니다.

지나침은
미치지 못함과 같다

◆ ◆ ◆

子貢問 師與商也孰賢 子曰 師也過 商也不及
曰 然則師愈與 子曰 過猶不及

자공문 사여상야숙현 자왈 사야과 상야불급
왈 연즉사유여 자왈 과유불급

해석

자공이 "사(자장=공자의 제자)와 상(자하=공자의 제자) 중에 누가 더
뛰어난지요?" 하고 물었다. 공자께서 사는 지나치고, 상은 미치지 못
한다고 말했다. 자공이 "사가 더 뛰어나다는 말씀이신지요?" 하고 물
었다. 공자께서 지나침은 미치지 못함과 같다고 말했다.

'지나침은 미치지 못함과 같다'라는 말은 『논어』에서 유명한 단
락으로 과유불급이라는 고사성어로도 너무나 친숙하다.

무수 일을 할 때 끝까지 완수하지 못한 것을 '미치지 못함'이라

하고, 도를 넘어선 것을 '지나침'으로 표현했다. 미치지 못함은 누가 생각해도 좋지 않다고 이해할 수 있지만 조금 지나친 정도는 오히려 좋다고 생각하기 쉽다. 하지만 공자는 양쪽 모두 중용이라는 점에서는 바람직하지 않다고 보았다.

바꿔 말하면 중용은 어렵다는 뜻이다. 일본 속담에 '채색에 열중하다 부처님 코를 빼먹는다'라는 말이 있다. 목조 불상의 완성 단계에서 적당히 채색해도 될 일을 여기 조금 더, 저기 조금만 더 하고 지나치게 의욕을 부리다가 중요한 부분을 빼먹어 결국 일을 망쳐버린다는 의미다.

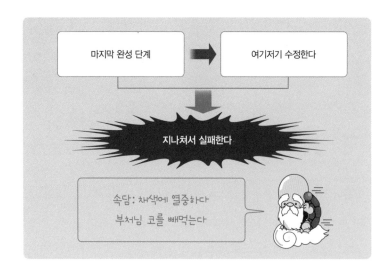

지나침은 미치지 못함과 같다

좋은 일도 도를 넘으면 해가 되어
부족함과 마찬가지로 감탄할 수 없다는 의미

공자는 중용이 좋다고 생각했다. 중용이란 한쪽으로
치우치지 않으며 늘 변하지 않는다는 뜻이다

원 포 인 트

좋은 행동도 도가 지나치면 해가 되어

부족함과 같습니다.

4
3

공자와 제자들의 대화를 기록한 『논어』는 20편으로 구성되어 있다

『논어』는 대부분 '공자왈'로 시작한다. 그것은 공자가 생전에 제자들에게 들려준 이야기를 그대로 기록한 형식이기 때문이다.

'공자왈'로 쓰인 장은 20개의 편으로 구성되어 있다. 20편을 소개하면 다음과 같다.

---

1. 제1편 학이 學而, 2. 제2편 위정 爲政, 3. 제3편 팔일 八佾, 4. 제4편 이인 里仁, 5. 제5편 공야장 公冶長, 6. 제6편 옹야 雍也, 7. 제7편 술이 述而, 8. 제8편 태백 泰伯, 9. 제9편 자한 子罕, 10. 제10편 향당 鄕黨, 11. 제11편 선진 先進, 12. 제12편 안연 顔淵, 13. 제13편 자로 子路, 14. 제14편 헌문 憲問, 15. 제15편 위령공 衛靈公, 16. 제16편 계씨 季氏, 17. 제17편 양화 陽貨, 18. 제18편 미자 微子, 19. 제19편 자장 子張, 20. 제20편 요왈 堯曰

편을 붙이는 방식을 보면 제1편 학이에서는 자왈子曰 학이시습지學而時習之 불역열호不亦說乎(후략), 제2편 위정에서는 자왈子曰 위정이덕爲政以德 비여북신거기소居其所而衆星共之(후략)와 같이 '공자께서 말씀하시길'에 이어지는 글자를 따서 각 편에 이름을 붙인 것을 알 수 있다.

하나의 편으로 모은 몇 개의 장이 반드시 관련성이 있는 내용은 아니다. 특징적인 편은 제10편 향당으로 공자의 생활이나 식사 등 일상적인 태도에 대해 정리한 내용이다. 각 장에서는 공자의 이야기 상대인 제자 이름이 명기되어 있는 곳도 있지만 대부분 자왈 즉, '공자께서 말씀하셨다'와 같은 형태다.

대화를 나눈 제자 중에서 자주 등장하는 인물은 자공, 안연, 자로 등으로 공문십철이라고 불렸던 우수한 제자가 대부분이다.

같은 내용도 질문한 제자에 맞춰 다르게 대답하는 공자의 방식은 『논어』의 흥미로운 부분 중 하나다. 대화하는 상대가 달라도 대

『논어』 대부분이 공자와 제자가
대화하는 형식으로 쓰여서
내용을 이해하기 쉽다

답하는 방식이 변해도 결국 공자가 전달하려는 가르침은 인간이
갖추어야 할 주요 덕목인 도덕적인 수양이다.

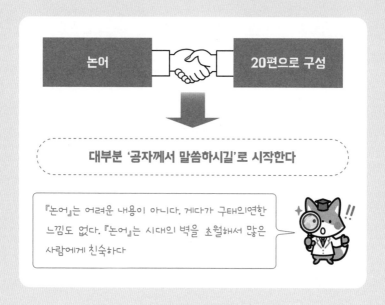

논어

공자의 명언 2

언행불일치는
부끄러운 일이다

子曰 古者 言之不出 恥躬之不逮也
자왈 고자 언지불출 치궁지불체야

의미

공자께서 말씀하셨다. 옛사람들이 말을 경솔하게 하지 않았던 이유는 아직 실천하지 않은 상태에서 말로 내뱉는 것을 부끄럽게 여겼기 때문이다.

불언실행不言實行이라는 말이 있다. 아무 말도 하지 않고 실행한다는 의미다. 말을 하든 안 하든 결심한 일이 실천으로 이어진다면 좋겠지만 말만 내뱉고 결과가 수반되지 않는 것은 모양새가 별로 좋지 않다. 공자는 그것을 부끄럽게 생각했다. 언이행난言易行難 즉, 말은 쉬워도 행하기는 어렵다는 말도 있다. 말한 바를 그대로 실천하는 일은 매우 어렵다는 의미다.

47

내가 하기 싫은 일은
남에게도 베풀지 마라

子貢曰 我不慾人之加諸我也 吾亦欲無加諸人 子曰 非爾所及也
자공왈 아불욕인지가저아야 오역욕무가저인 자왈 비이소급야

의미

자공이 말했다. "저는 제가 다른 사람에게 당하고 싶지 않은 일은 다른 사람에게도 하고 싶지 않습니다" 공자께서 말씀하셨다. "사賜(자공의 이름)야, 아직 너의 힘이 미치는 일이 아니다"

자공은 자신이 다른 사람에게 당하고 싶지 않은 일은 타인에게도 하지 않겠다고 좋은 뜻의 말을 하는데, 공자는 아직 자공에게는 어려운 일이라고 대답한다. 자공은 총명하고 언변이 뛰어났다. 그는 스승에게 '생각한 바를 실행하지 않으면 의미가 없다'는 말을 전하고 싶었을 테다. 공자는 자공의 말을 평가하는 데 그치지 않고 자공이 도달해야 할 경지를 언급하며 타일렀다.

부를 추구하지
않는 자는 없다

子曰 富而可求也 雖執鞭之士 吾亦爲之 如不可求 從吾所好
자왈 부이가구야 수집편지사 오역위지 여불가구 종오소호

의미

공자께서 말씀하셨다. 부를 추구하지 않는 자는 없다. 부라는 것이 추구해서 얻을 수 있는 것이라면 나도 왕후의 문 앞에서 채찍을 들고 지키는 천한 관리라도 되겠지만 추구해도 얻을 수 없는 것이라면 나는 내가 좋아하는 일을 하며 살겠다.

"부를 추구하지 않는 자는 없다"라고 공자는 말한다. 만약 부를 추구해서 얻을 수 있다면 천한 관리라도 되겠지만 부를 얻는 일은 하늘의 뜻이니 아무리 추구해도 얻을 수 없는 것이라면 내가 좋아하는 삶을 살고 싶다고 했다. 따라서 부를 추구하는 삶을 살지 않는다는 말이다.

2장

일 · 직업이란?

하나에
얽매이지 않는 능력

◆ ◆ ◆

子曰 君子不器

자왈 군자불기

공자께서 말씀하셨다. 무릇 군자는 그릇이 아니다(즉, 일정한 용도가
정해진 그릇과 달리 자유로워도 된다).

특정 분야에 대해 깊게 연구하는 전문가로 불리는 사람은 한 가
지에 능통하면 된다. 여기서 말하는 군자를 직장에서 리더의 위치
에 있는 사람으로 생각해 보자. 리더는 전문가일 필요가 없다. 왜냐
하면 리더라는 위치는 폭넓은 능력과 임기응변에 능한 자세가 요
구되고, 거시적인 시점을 갖추는 것이 가장 중요하기 때문이다. 전
문 지식이 필요하면 그때 전문가의 힘을 빌리면 된다.

『논어』의 묘미는 하나의 말을 읽는 사람의 입장 또는 심정에 따

라 다양하게 해석할 수 있다는 점에 있다.

　군자란 덕이 높고 품위가 있는 사람을 의미하지만 구체적으로 어떤 사람인지는 분명하게 언급하지 않는다. 읽는 사람의 해석에 따라 직장의 리더로 생각해도 좋고, 정치적인 위치에 있는 사람으로 생각해도 좋다.

　그러한 유연함 덕분에 『논어』의 말이 시대의 변화에 뒤처지지 않고 지금까지 전해져 내려오는 것일 테다.

군자는
그릇이 아닐세

그릇은 일정한 용도가 정해져 있습니다

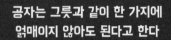

공자는 그릇과 같이 한 가지에
얽매이지 않아도 된다고 한다

자유로움을 연구하고 가능성을 찾는다

리더의 위치에
있는 사람

폭넓은 능력,
임기응변에 능한 자세

군자란 덕이 높고 품위가 있는 사람이지만 구
체적으로 언급하지 않았다

원 포 인 트

그릇처럼 용도를 하나로 결정하지 말고,

넓고 자유로운 발상으로 행동해야 합니다.

논어

마땅히 올바른 방법으로
돈을 벌어 이익을 얻는다

◆ ◆ ◆

子曰 放於利而行 多怨

자왈 방어이이행 다원

해석

　공자께서 말씀하셨다. 이익만 좇아 행동하면 원망이 많아지기 마련이다.

　공자는 이익을 얻는 행위를 부정하지 않았다. 이 문장은 이익을 추구하는 것은 나쁘지 않지만 사리사욕만 탐하는 돈벌이는 바람직하지 않다는 의미다.

　원유 가격이 오르면 여기저기에서 그 영향이 나타난다. 원유 가격의 변동은 신흥 경제 대국인 중국이나 인도에서 급증한 원유의 수요가 원인이라고 하지만 그 이유만은 아니다. 이후에도 예측되는 원유 수요에 주목해서 투기 목적으로 펼쳐지는 머니 게임도 하나의 원인이 되고 있다. 원유 투기는 타인의 원망을 사게 된다. 왜냐하면 많은 사람의 생활에 큰 영향을 미칠 돈벌이가 좋을 리 없기 때문이다.

일본 속담에 '돈은 위험한 곳에 있다'라는 말이 있다. 평범한 일로 큰돈을 손에 넣는 일은 어렵고, 위험한 일을 해야만 큰돈을 벌 수 있다는 의미다.

공자가 현대 사회를 예측했을 리 없을 테지만 돈벌이의 본질은 꿰뚫어 보았던 것이다. 돈을 버는 일은 나쁘지 않지만 충분히 주의하라고 경계하고 있다.

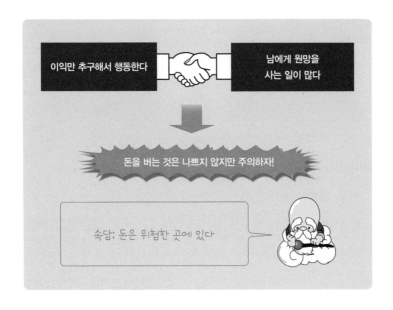

이익만 추구해서 행동한다 — 남에게 원망을 사는 일이 많다

돈을 버는 것은 나쁘지 않지만 주의하자!

속담: 돈은 위험한 곳에 있다

돈을 버는 본질
'돈은 위험한 곳에 있다'

평범한 일로 큰돈을 손에 넣을 수 없다

큰돈을 손에 넣으려면 남의 원망을 사게 된다

돈을 벌 때는 항상 주의해야 한다

원 포 인 트

이익을 추구하는 행위는 나쁘지 않습니다.

하지만 사리사욕을 탐하는 행위는 해서는 안 됩니다.

57

올곧은 마음으로
살아가는 중요함

◆ ◆ ◆

子曰 德不孤 必有鄰

자왈 덕불고 필유린

(해석)

공자께서 말씀하셨다. 덕이 있으면 고립되지 않는다. 반드시 함께
할 이웃이 있기 마련이다.

『논어』에서 덕德은 몇 번이나 반복해서 나온다. 덕의 의미도 전
부 같지 않지만 두인변彳을 빼고 남은 '덕悳'은 올곧은 마음을 나타
내고, 두인변은 걷는다는 의미다. 즉, 올곧은 마음으로 인생을 살아
간다는 의미가 덕이다. 덕이 있는 사람은 품성이 좋고, 선과 정의를
따르는 인격자를 말한다.

덕을 지니고 성실하게 최선을 다해서 일하는 모습은 주변 사람
을 이끄는 매력이 되고, 이에 공감하는 사람들이 모여든다.

반대로 덕이 없는 사람은 공감하는 사람이 나타나기는커녕 아무도 가까이하지 않는다.

기업은 사람의 인품에도 비유된다. 회사가 발전하기 위해서는 훌륭한 건물이나 시설이 아닌 그곳에서 일하는 사람들이 가장 중요한 역할을 한다. 사장을 포함한 리더가 덕이 있는 사람이라면 좋은 직원들이 모여들고, 힘을 합쳐 회사를 키워갈 것이다. 만약 어려운 상황에 처하더라도 함께 똘똘 뭉쳐 극복할 수 있다. 한편 많은 월급을 주는 회사에도 사람들이 모여든다. 하지만 돈이 없어지면 모든 게 끝나버린다. 일본 속담에는 '돈이 떨어지면 인연도 떨어진다'와 같이 사람과 돈의 관계를 나타내는 유명한 말이 있다.

덕德

⬇

올곧은 마음으로
인생을 살아간다는
의미

덕이 있으면 고립되는 일은 없느니라…
반드시 따르는 사람이 있을 것이야

덕이 있는 사람의 회사	덕이 없는 사람의 회사
• 좋은 직원이 모인다 • 힘을 합쳐서 회사를 키운다 • 어려운 상황에 처한다 • 힘을 합하여 극복한다	• 돈의 매력으로 직원이 모인다 • 어려운 상황에 처한다 • 돈이 사라지면 인연도 끊긴다
기업은 인격	돈이 떨어지면 인연도 떨어진다

덕이 있는 사람이란 품성이 좋고 선과 정의를

따르는 사람을 말합니다.

논어

진심으로
즐거운 일이 최고다

◆ ◆ ◆

子曰 知之者 不如好之者 好之者 不如樂之者

자왈 지지자 불여호지자 호지자 불여락지자

（해석）

공자께서 말씀하셨다. 알고 있는 자는 좋아하는 자만 못하다. 좋아
하는 자는 즐기는 자만 못하다.

학문이나 직업의 세계에서는 많이 아는 사람이 여러 가지로 장
점이 많다. 게다가 좋아하는 일이 직업이 되면 직업 자체가 흥미의
대상이 되기 때문에 그보다 더 좋을 수는 없다.

그러나 아는 일도, 좋아하는 일도 이성이 수반되는 감정의 하나
라는 점을 생각하면 즐거운 일은 그보다 높은 경지의 상태다.

어떤 일이든 진심으로 즐길 수 있는 대상과 마주하는 것이 최고
의 상태라고 공자는 말한다.

사람은 일이나 직업을 선택할 때 여러 가지 동기를 생각한다. '지인이 그 일을 하고 있어서 잘 안다' 또는 '일의 내용이 좋아서'와 같은 이유로 선택한다. 둘 다 자주 접하는 상황이지만 만약 월급을 많이 준다는 이유로 일이나 직업을 선택한다면 논의 밖의 이야기가 된다. 돈만 보고 싫어하는 일을 견디는 상태는 오래가지 못하기 때문이다.

즐겁게 몰두할 수 있는 일은 좋은 결과를 낳기 마련이고, 긴 인생이 최고의 행복으로 넘치기 마련이다. 단순하지만 중요한 경지에 대해 말한 유명한 구절이다.

좋아하는 일을 진심으로 즐기는 것이
최고로구나

논어

알고 있다는 것은 좋아하는 바에 미치지 못한다.
좋아한다는 것은 즐기는 바에 미치지 못한다

알고 있는 세계	⋯⋯⋯⋯⋯	장점이 많다
좋아하는 일을 직업으로 삼다	⋯⋯⋯	흥미의 대상
즐길 수 있는 일	⋯⋯⋯⋯⋯	최고의 상태

원 포 인 트
진심으로 즐길 수 있는 '대상'과 마주하는 것은
더할 나위 없는 최고의 행복입니다.

공자의
네 가지 가르침이란?

◆ ◆ ◆

子以四教 文行忠信

자이사교 문행충신

해석

공자는 네 가지를 가르쳤다. 학문을 배우는 것, 배운 바를 실행하는 것, 실행에는 진심을 다할 것, 신의를 다해 약속을 지킬 것이다.

공자의 네 가지 가르침은 다음과 같다.

문文이란 책을 읽고 지식을 얻는 것이다. 책이란 고전을 말한다.

행行이란 실행을 말한다. 학문을 익혀 얻은 지식을 실천하지 않으면 의미가 없다고 한다.

충忠이란 진심을 다하는 것이다.

신信이란 약속을 지켜 신뢰를 얻는 것이다.

여기서 주의할 말이 충이다. 충에 대한 인식은 충의·충효라는

6
4

말로 표현되는 것처럼 군주의 명령을 무조건 따르면서 진심을 다하는 정신이라고 할 수 있다.

대부분 군주가 신하에게 명령하고 따르는 것이 충이라고 생각한다. 하지만 공자는 그렇게 생각하지 않았다. 충은 진심을 나타내는 말이기 때문에 군주에게 강요받지 않고 스스로 군주를 생각하는 마음으로 진심을 다하는 정신을 말한다.

시점을 바꾸면 충이란 센고쿠 시대戰国時代(15세기 중반부터 16세기 후반까지 사회적·정치적 변동이 심했던 내란의 시기)의 충의심처럼 보이기도 하지만 『논어』에서 말하는 본래의 충에는 그러한 의미는 없었다. 충은 인간이 사회 활동(일)을 할 때 필요한 마음가짐으로, 공자의 말은 지금도 여전히 살아 있다.

네 가지를 가르치겠다.
학문을 배우는 것,
배운 바를 실행하는 것,
실행에는 진심을 다할 것,
신의를 다해 약속을
지킬 것이니라

공자의 네 가지 가르침

문文
여러 가지 의미가 있지만 문헌 또는 거기에 기록된 내용

행行
행동하는 것. 지식으로 얻은 바를 실천하는 일

충忠
편견 없는 마음이라는 의미. 충의, 충실 등 진심을 다하는 정신

신信
진심, 진실을 의미. 말에 만약 거짓이 있다면 원래는 형벌을 받겠다는 맹세의 의미

원 포 인 트

공자의 네 가지 가르침에는 사회생활을 할 때 중요한 가치관이 포함되어 있습니다.

일상에서 훈련을 하지 않으면
승부를 포기한 것이다

◆ ◆ ◆

子曰 以不敎民戰 是謂棄之

자왈 이불교민전 시위기지

(해석)

공자께서 말씀하시길, 가르치지 않은 백성을 전쟁터에 보내면 백성을 버리는 것이다.

예를 들어 현대의 기업 전쟁에서 이기기 위해서는 정보의 수집을 포함한 치밀한 전략과 전술을 구사해야 한다.

기업에서 리더의 위치에 있는 사람은 부하에게 전략적 방법을 가르치고, 경쟁에서 승리할 방법의 지도를 게을리하면 안 된다. 아무리 우수한 개인이 모여 있어도 효과적인 전략을 일상에서 의식적으로 훈련하지 않으면 승산은 없다.

평소에 경영자 또는 상사 위치에 있는 사람은 부하가 효율적으

6
7

로 좋은 성과를 낼 수 있는 '지도 체제'를 만들어두지 않으면 전쟁에서 이길 수 없다.

지도 체제가 없으면 아무리 우수한 인재를 모아도 기업 이익이 생각만큼 개선되지 않는 회사가 된다. 직원 한 명 한 명은 열심히 노력해도 결과가 흡족하지 않다.

이러한 결과는 전략적인 방법이 충분히 훈련되지 않아서 우수한 인재의 능력이 발휘되지 않은 탓이다. 평소의 철저한 준비가 승리로 향해 가는 길임을 생각하면 경영자는 만반의 대책을 세워야 한다.

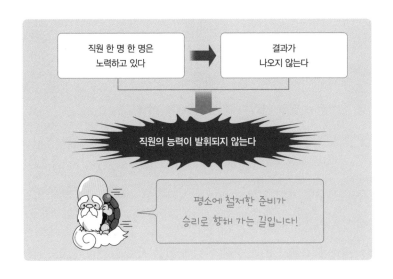

직원 한 명 한 명은
노력하고 있다

결과가
나오지 않는다

직원의 능력이 발휘되지 않는다

평소에 철저한 준비가
승리로 향해 가는 길입니다!

논어

기업 전쟁에서 이기기 위해서는

정보 수집   전략   전술

일상에서 훈련이 중요

부하가 효율적인 결과를 낼 수 있는
지도 체제를 만드는 것이 중요하다!

원 포 인 트

평소에 훈련하지 않는 사람을 전쟁터에 내보낸다면

그 시점에서 이미 승부를 버린 것입니다.

상사와 부하의
이상적인 관계란?

◆ ◆ ◆

子路問事君 子曰 勿欺也 而犯之

자로문사구 자왈 물기야 이범지

(해석)

　자로가 주군을 섬기는 것을 물었다. 공자께서 말씀하셨다. 사람을 섬기려거든 속여서는 안 된다. 하지만 군주가 잘못했을 때는 뜻을 거역하더라도 잘못을 바로잡도록 바른말을 해야 한다.

　현대 사회에 적용해서 말해 보겠다. 자신이 이 회사 또는 이 사람(이 경영자 밑에서 일하고 싶다)을 보고 입사했는데 입사해 보니 말이 틀리고, 예상과 전혀 다르다고 해서 그만두면 안 된다는 의미라고 할까?

　그러나 만약 믿고 입사한 회사가 부정을 저지르거나 잘못된 길로 향한다고 느꼈을 때 나서서 이의를 제기해야 한다는 뜻이기도

하다. 분명 인간관계에서는 매우 이상적인 말이지만 현대 사회에는 맞지 않을 수도 있다.

왜냐하면 사회에서는 조직화가 중시되고, 사람은 조직 속의 톱니바퀴 같은 존재가 되면서 경영자·상사와 부하 사이에 인간적인 관계가 희박해진 상태기 때문이다. 주군의 심복(비밀 계획 등을 맡기는 가까운 신하나 부하를 말함)이 되어 활약하는 모습은 시대를 막론한 하나의 이상일지도 모른다. 현실에서 실천하지 못해도 이루지 못한 꿈을 좇는 모습이 열정적으로 정의를 꿈꾸던 공자의 마음과 통하는 바가 있다.

주군의 심복이 되어 활약하는 것은
사람의 이상 중 하나다

사람을 섬기려거든 속여서는 안 된다.
하지만 만약 섬기는 사람이 잘못했을 때는
잘못을 바로잡도록 바른말을 해야 한다

자신이 납득해서 입사한 회사를 쉽게 그만두지 못한다

회사가 부정을 저지르면 바로잡도록 바른말을 한다

원 포 인 트

상사나 회사가 부정을 저지른다는 사실을 알았다면

잘못된 점을 지적하고 바른말을 해야 합니다.

논어

일과 보수의
관계란?

◆ ◆ ◆

子曰 事君 敬其事而後其食

자왈 사군 경기사이후기식

해석

공자께서 말씀하셨다. 주군을 섬길 때는 먼저 맡은 일을 신중히 하고, 녹봉은 나중에 생각해야 한다.

어떤 일을 부탁하면 반사적으로 "그거 하면 얼마 주나요?" 하고 묻는 사람이 있다. 아직 하지도 않은 상태에서 보수를 입에 담아서는 안 된다고 공자는 경계했다.

먼저 주어진 일에 심혈을 다해 끝까지 완수하는 것이 중요하고, 만약 달성하지 못한 일에 대해서는 보수를 받지 못해도 어쩔 수 없는 일이니 우선 마지막까지 해내야 한다. 그 결과 일의 성과가 좋으면 좋은 만큼, 그렇지 않으면 않은 만큼 거기에 맞는 마땅한 보수가 지급될 것이다.

공자는 부를 얻는 것을 부정하지 않았지만 부를 손에 넣는 정당한 절차에 대해서는 매우 완고했다.

정당한 수단이란 여기서는 일이나 직업을 말한다. 일을 잘 끝내는 것과 보수가 얼마인지는 관계가 없다. 일을 잘 완수하는 것만 중요하다.

보수는 어디까지나 완성된 일의 결과에 따라 지급되는 것이 마땅하다고 공자는 생각했다. 여기에서도 말보다 행동을 중시하는 일관된 태도가 잘 드러난다.

논어

일과 보수의 관계

보수를 기대한다	일은 일, 보수는 보수
• 보수를 기대해서 일을 한다 • 일의 내용은 아무래도 상관없다 • 적당히 해버리자	• 일은 일로 처리한다 • 일을 어떻게 잘 해낼지만 생각한다
⬇	⬇
보수를 받는다	보수를 받는다

원 포 인 트

일과 보수는 밀접한 관계가 있지만

보수는 일을 다 끝내고 난 후에 생각합니다.

일본인에게
『논어』란?

일본에서 가장 오래된 역사서로 알려진 『고사기』(720년)에 따르면 오진 천황(재위 270~310년) 시대에 백제에서 도래한 왕인이 『천자문』과 함께 일본에 가지고 온 책이 『논어』였다고 한다. 즉, 『논어』는 일본인에게 최초의 서적이었다.

6~7세기경 쇼토쿠 태자聖德太子(574~622년)가 제정한 17조 헌법에서는 『논어』를 참고했다고 생각되는 구절을 볼 수 있다.

17조 헌법(제1조)

제1조는 조화를 이루며 서로를 존중하고 다툼이 없는 것이 좋다.

『논어』(학이)

有子曰 禮之用 和爲貴

유자왈 예지용 화위귀

유자가 말하기를 예를 행함에 조화를 이루는 것이 중요하다.

『논어』제1편의 이 구절은 17조 헌법에서도 중요하게 여겨졌
다. 이후 일본의 율령 시대부터『논어』는 상급 관리에게는 필독서
가 되었다. 에도 시대가 되어서 무가의 자제들이 공부하던 번교藩校
(에도 시대에 무사들의 자제들을 교육하던 기관)에서도『논어』는 필수
과목이 되었고, 데라코야寺子屋(에도 시대의 서민 교육 기관)에서 학습
하던 아이들도『논어』를 배울 정도로 서민들 사이에서도 널리 퍼
졌다. 메이지 시대 이후에도 구제고등학교舊制高等學校(1894년 고등
학교령에 의해 세워져 1950년까지 존재했던 교육 기관)에서 한문 교육은
『논어』가 중심이었다.

『천자문』이란 문자의 교과서와 같은
한문 교본으로, 이것을 통해 일본에
한자가 전해졌다고 한다

또한 일본 정재계에서 리더의 위치에 있는 사람들 중 『논어』를 기반으로 한 유학의 사고방식에서 큰 영향을 받고, 『논어』를 필독서로 삼은 사람이 많다.

문호를 개방하고 메이지 시대가 되자 서양 문명이 근대화를 추진하는 원동력으로 도입되는 한편, 일본의 교육과 천황제를 유지·강화하기 위해서 유교적 도덕에 따른 정신 교육을 꾀하는 방책을 세웠다. 체제에 유리한 방향으로 유교 본래의 가르침에서 벗어난 내용을 강조해서 교육에 이용한 것이다.

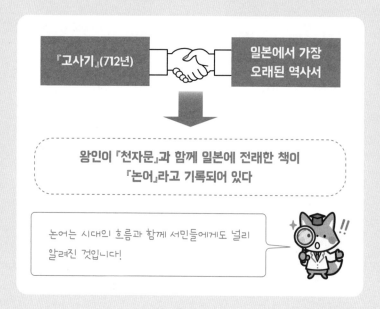

『고사기』(712년) —— 일본에서 가장 오래된 역사서

왕인이 『천자문』과 함께 일본에 전래한 책이 『논어』라고 기록되어 있다

논어는 시대의 흐름과 함께 서민들에게도 널리 알려진 것입니다!

새로운 일을 시작할 때는
과거를 참고한다

子曰 溫故而知新 可以爲師矣

자왈 온고이지신 가이위사의

의미

공자께서 말씀하셨다. 옛것을 연구하고 배워 새로운 지식을 얻는 사람은 스승도 될 수 있다.

'옛것을 배우고 익혀 새로운 것을 안다'라는 이 문장은 온고지신이라는 사자성어의 해석이다. 직장에서 새로운 기획을 만들 때도 단지 지금 세상에 맞는 것만 생각나는 대로 떠올리지 말고, 책 등을 통해 그와 관련된 과거의 사실을 조사하고, 경위와 특징을 파악한 후에 현대에 맞게 개발하면 더욱 좋은 기획이 탄생할 것이다. 과거에 어떤 일을 생각했는지를 아는 게 중요하다.

실행이 우선이다

子貢問君子 子曰 先行其言 而後從之
자공문군자 자왈 선행기언 이후종지

(의미)

자공이 군자는 어떤 사람인지를 물었다. 공자께서 말씀하셨다. 군자란 먼저 실행한 후에 설명하는 사람이다.

일을 할 때 자신에게 떨어지지 않은 프로젝트에 대해 "만약 나라면 이러쿵저러쿵~" 하며 설명만 잘하는 사람이 있다. 그런데 막상 그 프로젝트를 맡으면 이래서 안 되고 저래서 안 된다며 변명만 늘어놓으면서 제대로 된 결과를 내지 못한다. 우선 결과를 내고 나서 그다음에 설명한다는 생각으로, 실행을 우선으로 삼는 자세가 바람직하다고 공자는 말했다.

자신의 규범을 보이는 것이 윗사람의 사명이다

子曰 其身正 不令而行 其身不正 雖令不從

자왈 기신정 불령이행 기신부정 수령부종

의미

공자께서 말씀하셨다. 지도자 위치에 있는 자는 스스로 올바르게 행동하면 명령하지 않아도 사람들이 따르게 마련이다. 하지만 윗사람이 올바르게 행동하지 않으면 명령에도 따르지 않을 것이다.

공자는 지도자 위치에 있는 사람은 덕으로 아랫사람의 마음을 사로잡아 이끌어야 한다고 생각했다. 윗사람은 엄격하게 자신을 통제해야 한다는 뜻이다. 회사에서 상사가 부하에게 명령만 내리면서 스스로 규범이 될 만한 행동을 솔선하지 않으면 따르는 사람이 없는 게 당연하다. 많은 말을 하지 않아도 윗사람이 실천하면 아랫사람이 보고 배우면서 회사 분위기 전체가 좋아진다는 말이다.

3장

배움이란?

배움과 생각의
중요성

◆　◆　◆

子曰 學而不思則罔 思而不學則殆

자왈 학이불사즉망 사이불학즉태

（해석）

공자께서 말씀하셨다. 가르쳐준 것을 배우기만 하거나 책을 읽기만
하고 더 깊게 사색하지 않으면 지식만 얻을 뿐이다. 또한 배우지 않고
생각만 하다가 자기 생각에 빠져버리는 것도 위태로운 일이다.

배움의 기본 자세에 대해 이야기한다. 공자가 생각하는 배움이
란 선생님에게 배우거나 책을 읽거나 하는 과정만이 아닌 스스로
생각해서 자신만의 관점을 지니는 것을 말한다. **어느 한쪽만으로
는 진정한 학문이라고 할 수 없다.**

현대 사회에서는 인터넷을 이용하면 대부분의 궁금증을 순식간
에 해결할 수 있다. 단순히 지식을 얻기 위해서라면 인터넷 외에도

책을 읽어도 된다.

그러나 학문이란 단지 지식으로 얻어지는 것이 아니다. 지식은 사물에 대해 생각하기 위한 소재일 뿐이라서 지식을 정리하고 자신만의 생각을 가지는 게 필요하다. 그렇다면 지식은 필요 없고 스스로 생각하면 될까? 아니다. 그러면 자기 확신에 빠져서 혼자 결정하고 판단해서 멋대로 행동하게 된다.

독단전행은 잘못된 생각에 사로잡혀 위험하다고 공자는 말한다. 배움과 생각은 차의 양쪽 바퀴처럼 잘 갖추어졌을 때 인간으로서 올바른 방향으로 나아갈 수 있다.

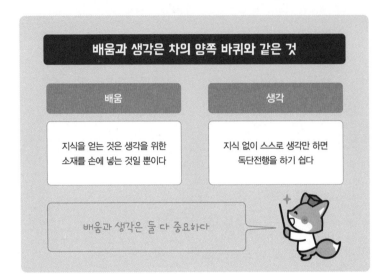

배움과 생각은 차의 양쪽 바퀴와 같은 것

배움	생각
지식을 얻는 것은 생각을 위한 소재를 손에 넣는 것일 뿐이다	지식 없이 스스로 생각만 하면 독단전행을 하기 쉽다

배움과 생각은 둘 다 중요하다

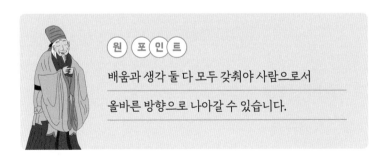

원 포 인 트

배움과 생각 둘 다 모두 갖춰야 사람으로서

올바른 방향으로 나아갈 수 있습니다.

학문에 왕도가
없다는 뜻은?

◆ ◆ ◆

子曰 攻乎異端 斯害也已

자왈 공호이단 사해야이

(해석)

공자께서 말씀하셨다. 왕도라 불리는 도道를 배우지 않고, 음침한 도나 이단을 전공하는 것은 해로울 뿐이다.

이단이란 그 세계나 시대에서 정당하다고 여겨지는 신앙·사상에서 벗어난 주의·주장을 말한다. 이단아는 그 세계에 새로운 바람을 몰고 와서 규제나 틀을 깨뜨리는 개성이 강한 사람을 가리킨다.

이단이라고 하면 자유롭고 새롭다는 의미로 수용되기도 해서 별로 나쁜 이미지가 연상되지 않지만 사도邪道로 말을 바꾸면 나쁜 인상이 강해진다. 왕도를 배우지 않고 사도부터 연구하면 해로울 수밖에 없다.

사물은 먼저 정도正道부터 시작해야 한다. 학문에 왕도는 없다는 말처럼 올바른 순서를 따라 차근차근 연구하는 방법 외에 지름길은 없다. 그것은 시대가 달라져도 변하지 않는 진리다.

지금 시대는 특히 남과 같은 일만 해서는 사회에서 성공하기 어렵다. 그래서 더욱 안이한 지름길을 선택하지 않고 정도를 끝까지 고수하는 일에 가치가 있다.

기초를 확실하게 익혀서 어떤 일도 극복할 힘을 가지고 새로운 일에 도전하면 당당하게 인생을 보낼 수 있다. 인생은 짧아 보여도 길어서 힘을 축적해두면 보물이 된다.

왕도라는 도를 배우지도
않았는데, 음침한 도나 이단에
주력하면 해로울 뿐이니라

네

논어

정도	사도
• 올바른 순서로 배운다 • 기초를 익힌다 • 힘을 축적해둔다	• 음침한 도나 이단을 배운다 • 눈에 띄고, 새로운 바람을 몰고 온다 • 해로울 뿐이다

안이한 지름길을 선택하지 말고 정도를 끝까지 고수하는 일에 가치가 있습니다!

원 포 인 트

사람은 안이한 지름길을 선택하기 쉽지만 그 길을 택하지 말고 끝까지 정도를 지키는 자세가 중요합니다.

목숨을 건
탐구의 중요성

◆ ◆ ◆

子曰 朝聞道 夕死可矣

자왈 조문도 석사가의

해석

공자께서 말씀하셨다. 아침에 올바른 도를 들으면 저녁에 죽어도 좋다.

이 문장은 각오를 드러내는 한마디다. 아침에 진실한 도를 깨닫는다면 만약 저녁에 죽어도 후회가 없다는 의미다.

여기서 말하는 도道란 진리를 뜻하는 것으로 즉, 인仁으로 향하는 길을 나타낸다. 공자는 인으로 향하는 길을 깨닫는다면 그날 죽어도 좋다고 말하고 있다.

인생과 목숨을 걸고 탐구할 대상이 있다는 것은 멋진 일이다. 평생을 바쳐 학문의 도를 탐구해온 공자는 그 하나만으로도 존경할 가치가 있는 훌륭한 인물임을 알 수 있다.

『논어』에는 도라는 말이 다른 장에서도 나온다.

선왕지도先王之道(선왕의 도), 부지도父之道(아버지의 도), 자지도子之道(아들의 도) 등 어떤 대상의 본연의 자세에 대해서도 도라는 말로 표현한다. 자왈 삼년무개어부지도子曰 三年無改於父之道. '공자께서 말씀하셨다. 아버지가 돌아가신 후 3년 동안 아버지의 도를 고치지 않는 것은 효라 할 수 있다'라는 뜻이다.

일본에서 도라고 하면 차도, 화도, 유도 등 그밖에도 무사도 등이 있다.

여러 가지 도

차도   화도   유도

아침에 올바른 진실의 도를 들으면
그날 밤에 죽어도 여한이 없다

공자가 평생 탐구한 인의 도를 진심으로 깨달았을 때

죽어도 여한이 없다

평생 목숨을 걸고 탐구할 대상이 있는 사람의 각오를 보여준다

원 포 인 트

인생에서 목숨을 걸고 탐구할 대상이 있는 일은

행복하고 멋진 일입니다.

9
2

공부와 학문의
차이란?

◆ ◆ ◆

子謂子夏曰 女爲君子儒 無爲小人儒

자위자하왈 여위군자유 무위소인유

해석

공자께서 말씀하셨다. 자하야, 너는 훌륭한 학자가 되거라. 오직 명예를 얻기 위함이나 이름을 파는 천박한 학자는 되지 말거라.

유儒는 유교를 배우고 익힌 유자라는 의미로, 학자를 말한다.

공자는 학문하는 사람 중에도, 자신을 갈고닦아 이상적인 사회 건설을 목표로 하는 군자 중에도, 자신의 사회적 위치와 명성을 높여 이익과 연결하려는 소인이 있다고 생각했다.

현대 사회에서도 충분히 통용되는 생각이다. 공부해서 유명한 대학교에 진학한 이유는 좋은 회사에 들어가서 자신의 경제 생활을 여유롭게 하고 싶어서라는 사람이 대부분일 것이다. 자신을 갈고닦아 그 능력을 더 좋은 사회를 만들기 위해 발휘하는 사람이 지금 시대에 얼마나 될까? 학문이 공부가 되고, 공부는 취업에 유리한 학교에 들어가기 위한 수단이 되어버렸다.

공부가 지식을 얻기 위한 수단이라면 학문은 배우고 익힌 지식을 바탕으로 더 깊게 사색하는 과정까지 포함된 것이다. 그리고 학문을 하는 목적은 타자의 선망이나 어떤 평가를 기대해서가 아닌 자신의 성장을 위한 것이어야 한다. 공자는 그렇게 말한다.

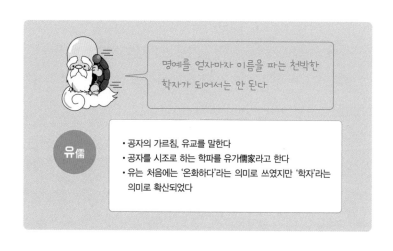

명예를 얻자마자 이름을 파는 천박한 학자가 되어서는 안 된다

유儒
- 공자의 가르침, 유교를 말한다
- 공자를 시조로 하는 학파를 유가儒家라고 한다
- 유는 처음에는 '온화하다'라는 의미로 쓰였지만 '학자'라는 의미로 확산되었다

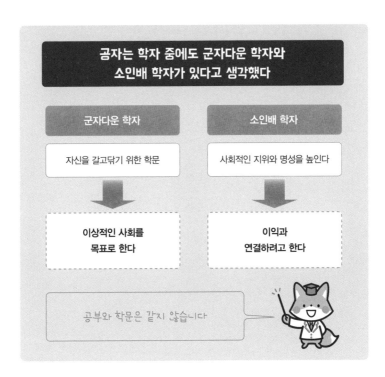

공자는 학자 중에도 군자다운 학자와
소인배 학자가 있다고 생각했다

군자다운 학자	소인배 학자
자신을 갈고닦기 위한 학문	사회적인 지위와 명성을 높인다
↓	↓
이상적인 사회를 목표로 한다	이익과 연결하려고 한다

공부와 학문은 같지 않습니다

원 포 인 트

공부란 지식을 익히는 것이고, 학문이란 지식을
바탕으로 더욱 깊게 사색하는 것입니다.

좋아하는 일을
쉬지 않고 지속하는 것

◆ ◆ ◆

子曰 我非生而知之者 好古敏以求之者也

자왈 아비생이지지자 호고민이구지자야

(해석)

공자께서 말씀하셨다. 나는 태나면서부터 사물의 이치를 안 자가
아니다. 옛사람의 훌륭한 행위가 좋아서 그것을 열심히 구한 자일 뿐
이다.

천재는 타고난 재능 또는 그러한 재능을 가진 사람을 가리킨다.

이 한 문장에서 공자는 자신은 천재가 아니라고 부정한다. 오직
좋아하는 일을 쉬지 않고 꾸준히 해온 것뿐이라고 말한다. 노력의
중요함, 쉬지 않고 지속하는 일의 가치를 자신의 예를 들어 이야기
하고 있다.

공자는 사상가이자 학자다. 사상가란 사회나 인생에 대해 깊게

사고해서 체계화하는 사람을 말한다. 고전을 배운 공자는 깨달은 내용을 제자들에게 전달하는 일을 자신의 사명으로 생각했다.

덕으로 사회를 다스리는 이치를 배운 공자는 그 훌륭함을 널리 알려 이상적인 사회를 실현하기 위해서 정치에 반영하려고 했다. 그러한 생각을 『논어』에서도 언급한다.

자왈 술이부작 신이호고 절비어아노팽子曰 述而不作 信而好古 竊比於 我老彭. '공자가 말씀하셨다. 나는 고전을 계승해서 전하지만 새로운 것을 창작하지 않는다. 옛것을 믿고 애호한다'고 말이다.

노력의 중요함, 쉬지 않고 지속하는 것의 가치

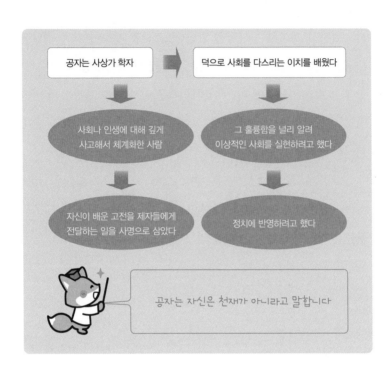

공자는 사상가 학자 ➡ 덕으로 사회를 다스리는 이치를 배웠다

사회나 인생에 대해 깊게 사고해서 체계화한 사람

그 훌륭함을 널리 알려 이상적인 사회를 실현하려고 했다

자신이 배운 고전을 제자들에게 전달하는 일을 사명으로 삼았다

정치에 반영하려고 했다

공자는 자신은 천재가 아니라고 말합니다

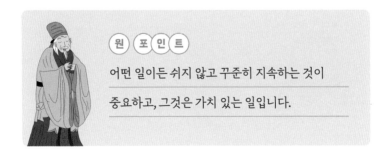

원 포 인 트

어떤 일이든 쉬지 않고 꾸준히 지속하는 것이 중요하고, 그것은 가치 있는 일입니다.

논어

학문이란
끝이 없다

◆ ◆ ◆

子曰 學如不及 猶恐失之

자왈 학여불급 유공실지

해석

공자께서 말씀하셨다. 학문이란 좇을 수 없는 것을 좇는 것이지만
그럼에도 좇지 못함을 두려워해야 한다.

학문은 아무리 해도 끝이 없는 깊은 것이니 만족이란 있을 수
없다. 즉, 평생 매달려도 못다 한 아쉬움이 남는 것을 항상 두려워
해야 한다고 경계한다.

학력이나 취직을 위한 공부는 좋은 대학교나 회사에 들어가면
목표를 달성할 수 있다. 하지만 학문은 자신의 성장을 위한 것이라
서 살아 있는 동안 평생 배워야 한다. 학문에 뜻을 둔 이상 자신은
아직 충분하지 않다는 겸손함으로 안주하지 말고 계속 노력함이

마땅하다고 한다.

자왈 고지학자위기 금지학자위인 子曰 古之學者爲己 今之學者爲人. '공자께서 옛날 학자는 자신을 위해 하고, 지금 학자는 남을 위해 한다고 말씀하셨다'. 옛날 학자는 자신의 수양을 위해 학문을 했지만 요즘 학자라는 자는 남에게 알리고 싶고, 명성을 얻고 싶어서 학문을 한다는 뜻이다.

공자는 학문은 자신이 인간으로 성장하기 위한 수련이지 명성이나 명예를 얻기 위한 도구가 되어서는 안 된다고 생각했다.

그럼에도 좋지 못함을 두려워해야 하느니라

학문이란 좋을 수 없는 것을 좋는 것이다

논어

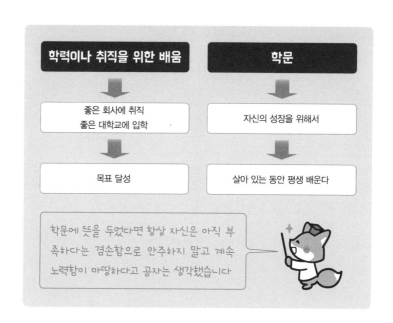

학력이나 취직을 위한 배움	학문
좋은 회사에 취직 좋은 대학교에 입학	자신의 성장을 위해서
목표 달성	살아 있는 동안 평생 배운다

학문에 뜻을 두었다면 항상 자신은 아직 부족하다는 겸손함으로 안주하지 말고 계속 노력함이 마땅하다고 공자는 생각했습니다

원 포 인 트

학문은 자신이 인간으로 성장하기 위한 수련이지 명성을 얻기 위한 도구는 아닙니다.

교육은 식물을
키우는 것이나 다름없다

◆ ◆ ◆

子曰 苗而不秀者有矣夫 秀而不實者有矣夫

자왈 묘이불수자유의부 수이불실자유의부

해석

공자께서 말씀하셨다. 싹을 틔우고 모종으로 성장해도 꽃을 피우지 못하는 사람이 있다. 꽃은 피웠으나 열매를 맺지 못하는 사람이 있다. 매우 안타까운 일이다.

인간의 성장을 식물의 생육에 비유해서 식물처럼 인간도 생각대로 성장하지 않음을 한탄하고 있다.

좋은 소질을 지니고 태어나도 열매를 맺지 못한 채 세상을 떠난 젊은이를 보고 본인의 노력이 부족했다는 자책, 교육자로서 그러한 젊은이가 열매를 맺도록 도와주지 못한 것을 한탄했다.

공자는 제자를 교육할 때 같은 내용을 가르쳐도 그 인물의 성격을 파악해서 각각에 맞게 가르친 맞춤 교육으로 유명하다.

아마도 수많은 제자를 보면서 마치 식물을 키우는 듯하다는 생각이 들었나 보다. 각 제자에 맞춰 교육한다고 해도 모두 열매를 맺을 수 없다는 사실을 공자는 교육자인 자신의 책임으로 생각하며 자책했다.

일본에 '열에 신동, 열다섯에 재주가 뛰어난 아이, 스물이 넘으면 평범한 사람'이라는 속담이 있다. 어려서는 수재로 평가되던 아이가 성장하면서 평범한 사람들과 진배없어진다는 의미로, 양육자는 자신을 질책해야 할지도 모르겠다.

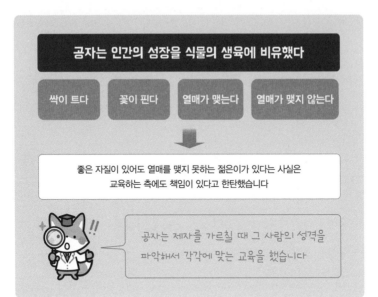

공자는 인간의 성장을 식물의 생육에 비유했다

| 싹이 트다 | 꽃이 핀다 | 열매가 맺는다 | 열매가 맺지 않는다 |

좋은 자질이 있어도 열매를 맺지 못하는 젊은이가 있다는 사실은
교육하는 측에도 책임이 있다고 한탄했습니다

공자는 제자를 가르칠 때 그 사람의 성격을
파악해서 각각에 맞는 교육을 했습니다

(원)(포)(인)(트)

식물이 전부 다르게 성장하듯이 인간도 키우는

방법에 따라 크게 달라집니다.

논어

좋은 일을 하는
사람을 도와준다

◆ ◆ ◆

子曰 君子成人之美 不成人之惡 小人反是

자왈 군자성인지미 불성인지악 소인반시

（해석）

공자께서 말씀하셨다. 군자는 남이 좋은 일을 할 때는 가능하면 도와주고, 남이 나쁜 일을 저지르려고 할 때는 그것을 막는다. 소인은 반대로 남이 나쁜 일을 저지를 것을 알고도 모른 체하고, 좋은 일을 하려고 하면 방해한다.

군자와 소인을 대비하는 말인데 매우 이해하기 쉽다.

학교나 직장에서 집단생활을 하다 보면 뭔가 좋은 일을 하려고 할 때 여러 반응이 나타난다. "그거 괜찮네" 하며 협력하고 지지하는 사람이 있는가 하면 "그거 다 쓸데없는 일이에요. 하지 맙시다" 하고 발목을 잡는 사람이 있다.

나쁜 장난을 치려고 할 때도 "하지 않는 편이 좋아요"라고 막는 사람, "재미있겠네요, 해 봅시다"라고 부추겨서 나쁜 길로 유혹하는 사람이 존재한다. 이러한 상황에서도 군자와 소인의 차이를 볼 수 있다.

현대 사회에서도 군자와 같은 존재가 늘어나면 세상이 조금 더 원활하게 돌아갈지 모른다. 소인만 늘어나면 음침하고 희망이 없는 사회가 되어버릴 것이다.

좋은 세상을 만들기 위해서 지금 꼭 필요한 교육 중 하나가 군자를 목표로 살아가는 삶의 자세일지도 모른다.

공자의 교육 목적 중 하나 — 군자를 육성하는 일

학문을 갈고닦아 인격적으로 훌륭한 인물

군자

좋은 일을 하려는 사람에게 협력하는 게 중요합니다

	좋은 일을 하려는 사람	나쁜 일을 하려는 사람
군자	협력하고 지지한다	그만두게 하려고 한다
소인	쓸데없는 일이라고 하며 그만두게 한다	부추겨서 나쁜 길로 유혹한다

『논어』에서는 위정자 또는 지배하는 사람도 군자라고 합니다. 군자와 대척점에 있는 인물로 소인이 있습니다

※ 위정자: 정치하는 사람

원 포 인 트

더 좋은 세상을 만들기 위해서는 군자처럼

생각하는 사람이 늘어나는 게 이상적입니다.

유교가 걸어온 길?

유교는 중국 한나라 시대에 국교가 되었으나 이후 2,000년 동안 왕도만 걸어오지는 않았다.

기원전 3세기를 지나자 중국에서는 도교(한민족의 전통 종교이자 민간 종교로 현재까지 전해진다)가 일어났다. 게다가 인도에서 전해진 불교가 신앙으로 유행하면서 유교는 고전을 해석하는 데 유용하다는 의미에서만 가치를 부여받았다. 그러한 유교가 다시 주목받게 된 것은 10세기 북송과 남송의 시대가 시작된 무렵이었다. 유교의 가르침에 불교의 세계관과 도교 사상을 융합한 송학이 주돈이를 비롯한 북송 학자들에 의해 시작된 것이다.

그 송학을 더 발전시키고 체계화해서 주자학으로 집대성한 사상이 주자다.

주자학(성리학)이란 우주를 '존재하는 기氣'와 '법칙으로서의 이理'

라는 이원론으로 파악하여 인간의 존재 방식을 검증하려는 학파다.

인간의 마음도 이와 기로 이루어져 있다. 이는 예를 지키는 것인데, 기가 예를 지키려는 이를 방해하기 때문에 이를 바로잡아 예의 마음을 되찾아야 한다고 주장했다.

게다가 주자학이 완성되기 이전에 유교에서는 공자가 정리했다고 하는 오경(『역경』, 『시경』, 『서경』, 『예기』, 『춘추』)을 고전의 중심으로 여겼는데, 주자학에서는 사서(『대학』, 『중용』, 『논어』, 『맹자』)를 중요하게 생각했다.

이러한 사경 중 하나인 『논어』는 주자학에 의해 다시 중요하게 여겨졌다. 주자학과 더불어 『논어』는 한국 그리고 일본에도 영향을 미치게 된다.

19세기가 되면 중국도 유럽이나 일본의 간섭을 받게 된다. 그러자 중국 사람 중에서 민주화와 근대화를 방해하는 원인이 유교 사상에 있다며 공자를 비판하는 사람들이 나타난다.

오랜 세월을 거쳐 일본에 전해진 『논어』.
공자가 말하고자 하는 바를 다시
해석해서 이해하는 것이 중요하다

일본의 경우 유교의 역사는 국가 체제에 맞춘 형태로 전해지게 되었다. 그래서 공자가 정말로 전하고 싶던 유교가 전해지지 않았는지도 모른다.

21세기인 지금, 공자의 말은 우리에게 무엇을 전하려고 하는 것일까? 다시 마주할 필요가 있다.

주자학 — 사람의 마음

이理 기氣

이는 예를 지키는 것인데,
기가 예를 지키려는 이를 방해하려고 한다

이를 바로잡아 예의 마음을 되찾아야 한다고 했다

돌 위에서 삼년

子曰 三年學 不至於穀 不易得也
자왈 삼년학 부지어곡 불이득야

의미

　공자께서 말씀하셨다. 3년(긴 세월이라는 의미)이나 학문을 하면서도 봉급이 없는데, 그럼에도 학문을 하는 사람은 드물다.

　당시에는 3년을 하나의 단위로 구분해서 공부하는 관습이 있었다. 그 시기를 지나면 취직이 어려워지기 때문에 모두 동분서주했다. 관리가 되어 봉급을 받는 생활을 희망하는 사람이 일반적이었기 때문에 봉급도 없이 학문을 지속하는 사람은 가상하게 여겨졌다. 어떤 목표나 시험에 합격하기 위해서 노력하는 사람은 지금도 적지 않다. 무슨 일이든 인내와 참을성이 중요하다.

1
1
1

4장

인간관계란?

교언영색 선의인을 통해
배우는 것

◆ ◆ ◆

子曰 巧言令色 鮮矣仁

자왈 교언영색 선의인

공자께서 말씀하셨다. 교묘하게 말을 꾸미고 겉모습에 집착하는 사람은 인(어진 마음)을 갖추지 못한 자다.

『논어』에서도 유명한 문장이다.

교언이란 능변·웅변을 말한다. 영색이란 사교적인 모습(겉모습, 복장, 태도)을 말한다.

공자가 말하는 인仁이란 남을 사랑하는 마음으로 자애로운 마음과 다름없다. 즉, 말을 그럴싸하게 꾸미며 접근하는 사람에게 자애로움을 기대하기는 어렵다는 의미다. 자신의 목적을 이루기 위해 교묘히 꾸민 말과 태도로 접근하는 것을 경계하라는 말이다.

낯빛을 살피면서 교묘한 말로 다가오는 이유는 목적이 있기 때문이다.

달콤한 말과 예의 바른 태도로 접근해서 처음에는 마치 오래 알고 지낸 사람처럼 이런저런 참견을 하다가 자신에게 득이 되는 것을 얻거나 혹은 결국 얻지 못하면 손바닥을 뒤집듯 차갑게 등을 돌리며 태도가 일변한다.

도가 넘으면 사기와 같은 행위도 서슴지 않는 이러한 사람이 있다면 특히 조심하는 편이 좋다고 공자는 경고한다.

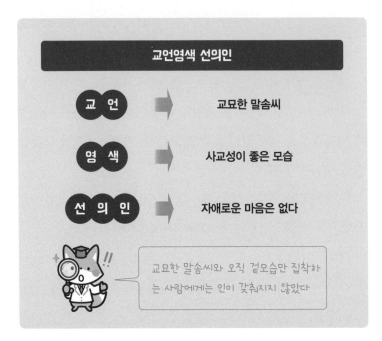

교언영색 선의인

교 언	→	교묘한 말솜씨
영 색	→	사교성이 좋은 모습
선 의 인	→	자애로운 마음은 없다

교묘한 말솜씨와 오직 겉모습만 집착하는 사람에게는 인이 갖춰지지 않았다

원 포 인 트

교묘하게 말을 꾸미면서 접근하는 사람에게는

목적이 있으니 각별히 경계할 필요가 있습니다.

1
1
6

논어

강의목눌 근인은
어떤 뜻일까?

◆ ◆ ◆

子曰 剛毅木訥 近仁

자왈 강의목눌 근인

해석

공자께서 말씀하셨다. 정직하고 용감하고 소박하고 성실하고 과묵한 사람은 인에 가까운 자다.

이 문장은 앞에서 본 교언영색 선의인과 반대되는 의미가 있다.

강剛은 강한 마음, 의毅는 결단력, 목눌木訥이란 꾸밈이 없고 말이 적다는 의미다. 즉, 서툰 말솜씨에 겉모습은 소박하지만 결단력이 있어서 강직한 마음을 가진 사람은 인을 갖춘 자라는 뜻이다.

말이 적은 사람은 소통에 능숙하지 못해서 처음에는 오해받기 쉽다. 그렇지만 시간이 지나면서 그 사람의 행동이 보이기 시작하고, 강한 신념을 가진 믿음직한 사람임을 알게 된다. 한편 공자는 이러한 강의목눌한 사람이 조심할 점에 대해서도 언급했다. 신념을 관철하는 것은 훌륭하지만 도가 지나치면 강제적이고 독재적인 사람이 되어버린다.

　강刚을 즐기고 학學을 즐기지 않으면 그것은 폐색이나 광기(신념의 관철에 대한 생각은 좋지만 도가 지나치면 강제적이고 위험한 방향으로 향하기도 한다)다. 신념이 있다는 것은 정신력이 강하다는 의미지만 조심하지 않으면 완고해져서 사물을 바로 판단하지 못하게 된다. 그렇게 되지 않으려면 학문을 해야 한다고 말한다.

　자왈 학즉불고子曰 學則不固다. '공자께서 말씀하시기를 학문을 하면 완고해지지 않는다'는 뜻이다.

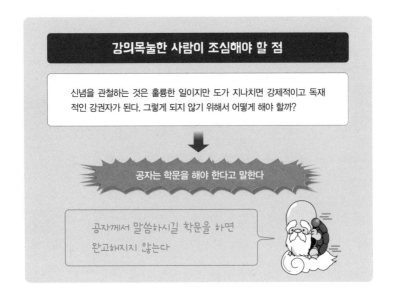

강의목눌한 사람이 조심해야 할 점

신념을 관철하는 것은 훌륭한 일이지만 도가 지나치면 강제적이고 독재적인 강권자가 된다. 그렇게 되지 않기 위해서 어떻게 해야 할까?

공자는 학문을 해야 한다고 말한다

공자께서 말씀하시길 학문을 하면
완고해지지 않는다

강의목눌 근인

 강 강한 마음

의 의 결단력이 있는 것

목 눌 과묵한 사람

근 인 어진 마음이 있다

강한 마음을 가진 사람에게는 인이 있습니다

원 포 인 트

신념을 끝까지 밀고 나가는 것은 중요하지만

도가 지나치면 독재적인 권력자가 되고 맙니다.

119

훌륭한 사람은
다투지 않는다

◆ ◆ ◆

子曰 君子無所爭 必也射乎 揖讓而升 下而飲 其爭也君子

자왈 군자무소쟁 필야사호 읍양이승 하이음 기쟁야군자

해석

공자께서 말씀하셨다. 군자는 다투는 일이 없다. 만약 있다면 활쏘기 시합에서나 다툰다. 시합 전에는 서로에게 예를 다하고, 승자는 술을 대접한다. 모든 과정에서 예에 어긋남이 없고, 그러한 시합이야말로 군자다운 면모다.

군자는 다투지 않는다고 말한다. 다투는 일이라면 활쏘기 정도로 그것도 예를 갖춘 신사적인 경기라고 한다.

『논어』에는 훌륭한 사람이라는 의미로 성인, 현자, 군자 등이 나온다. 그중에서도 군자에 관해 기술한 부분이 많고, 소인과 대비해서 설명한다.

학문으로 인격을 갈고닦은 사람을 군자라고 말하는데 군자는 정신적으로도 여유가 있다고 한다. 그 반대가 소인이다. 군자는 마음에 여유가 있어서 사사로운 일에 연연하지 않고, 만약 곤란한 상황이 생겨도 흐트러지지 않는다. 따라서 다툴 일도 없다.

또한 군자는 학문과 인격을 갖추고 있어서 지도자 위치에 오른 사람도 많으니 경박해서는 안 된다. 게다가 정의감과 용기까지 있어야 하니 현대 사회로 말하자면 분명 슈퍼맨과 같은 존재가 아닐까.

군자	소인
다투지 않는다	바로 다툰다

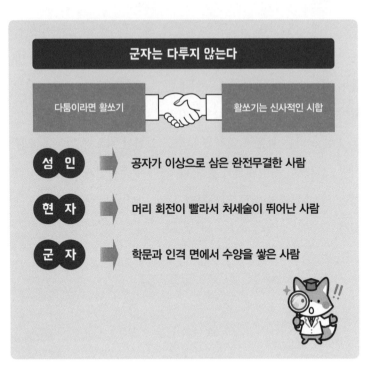

군자는 다투지 않는다

| 다툼이라면 활쏘기 | 활쏘기는 신사적인 시합 |

성 인 ➡ 공자가 이상으로 삼은 완전무결한 사람

현 자 ➡ 머리 회전이 빨라서 처세술이 뛰어난 사람

군 자 ➡ 학문과 인격 면에서 수양을 쌓은 사람

원 포 인 트

군자는 학문을 통해 인격을 갖춘 사람이라서

결코 불필요한 다툼은 하지 않습니다.

122

논어

실수는
인간성을 드러낸다

◆ ◆ ◆

子曰 人之過也 各於其黨 觀過 斯知仁矣

자왈 인지과야 각어기당 관과 사지인의

(해석)

　공자께서 말씀하셨다. 사람이 범하는 잘못은 각자의 성격에 따라 특징이 나타난다. 저지른 잘못과 그 잘못에 어떻게 대처하는지를 통해 그 사람의 인성을 알 수 있다.

　『논어』에는 잘못에 대해 논한 부분이 몇 있는데, 이 문장은 그중 하나다.

　각기어당各於其黨에서 '당'은 소속을 말하는 것으로 가정이나 직장, 친구, 취미 모임과 같은 때와 상황을 나타낸다. 소속된 곳에서 저지른 잘못은 성격과 인성에 따라 특징이 있어서, 그 잘못을 보면 성격이나 인성을 알 수 있다.

예를 들어 군자도 잘못을 범하지만 소인과 내용이 다르기 마련이다. 그리고 그것을 통해 인성을 알 수 있다고 한다.

과즉물탄개過則勿憚改. 만약 잘못을 저지르면 꺼리지 말고 바로 뉘우쳐서 고쳐야 한다. 과이불개 시이과의過而不改 是謂過矣. 잘못한 것이 문제가 아니라 잘못을 하고서도 고치지 않는다면 그것이 진짜 잘못이다. 두 문장 모두 잘못에 대해 말하는데, 공자는 사람이란 본디 잘못을 저지르는 존재임을 전제에 두고 있다.

그러나 잘못을 범한 후에 어떻게 반성하고 뉘우치는지가 중요하다고 생각했다. 이 문장에서도 잘못에 어떻게 대처하는지가 중요하다고 말한다. 저지른 잘못을 지울 수는 없어도 그 후 삶의 자세는 개선할 수 있다는 의미다.

잘못을 저질렀을 때는 이후 어떻게 대처하는지가 중요하단다

논어

사람이 범하는 잘못에는 각자의 성격에 따라 특징이 나타난다. 그 잘못에 어떻게 대처하는지에 따라 그 사람의 인성을 알 수 있다

잘못을 지울 수는 없어도 이후 삶의 방식은 개선할 수 있습니다

  원래 같은 건물에 모이는 동료를 나타냈다. 그 의미에서 그룹, 고향, 친족 등의 뜻으로 확장되었다

원 포 인 트

사람은 잘못을 저지르기 마련이지만 그 잘못을 어떻게 해결하는지에 따라 인성을 알 수 있습니다.

1
2
5

균형 잡힌 사람은
어떤 사람일까?

◆ ◆ ◆

子曰 中庸之爲德也 其至矣乎 民鮮久矣

자왈 중용지위덕야 기지의호 민선구의

해석

공자께서 말씀하셨다. 중용의 도덕적인 가치는 가장 지극하다. 하지만 시대가 변하면서 중용의 가치를 소홀히 하여 사람들 사이에서 사라진 지 오래되었다. 개탄스러운 일이다.

중용이란 한쪽으로 치우치지 않고 항상 같은 상태를 가리킨다. 중용을 지키는 사람은 쉽게 설명하면 균형 잡힌 사람을 말한다.

사물을 대할 때 기분이나 감정에 좌우되지 않으면서 어떤 상황에서도 공평하고 공정하기는 어려운 일이다.

공자도 중용을 지키는 사람에게 도를 가르치고 싶다고 생각하지만 중용적인 인물이 좀처럼 드물다고 말한다. 그래서 중용을 지키는 사람과 교제하기 어렵다면 광인狂者이나 견자狷者를 상대하면 된다는 것이 공자의 가르침이다.

자왈 부득중행이여지 필야광견호 광자진취 견자유소불위야子曰 不得中行而與之 必也狂狷乎 狂者進取 狷者有所不爲也. 공자는 '어쩔 수 없으니 나는 광자와 견자를 가르친다. 광자란 행동은 없으나 뜻이 높고, 견자는 지知는 부족하나 절의를 지키기 때문에 선의 도를 가르쳐 중도로 이끌 수 있다'라고 했다.

광狂은 뭔가에 열중하는 것, 견狷은 완고하다는 의미다. 이상을 좇아 자신의 의지를 굽히지 않는다는 의미의 단어 광견狂狷은 여기에서 나온 말이다.

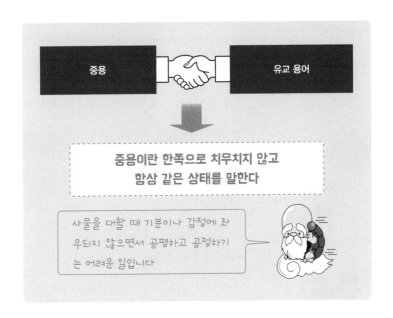

중용 유교 용어

중용이란 한쪽으로 치우치지 않고 함상 같은 상태를 말한다

사물을 대할 때 기분이나 감정에 좌우되지 않으면서 공평하고 공정하기는 어려운 일입니다

중용을 지키는 사람 균형 잡힌 사람

도를 가르치고 싶으나 좀처럼 드물다

광자와 견자를 가르치기로 한다

광 자 → 행동은 뒤따르지 않지만 뜻은 높은 사람

 견 자 → 지는 부족하지만 절의를 지키는 사람

 원 포 인 트

중용의 도는 덕이 최고 지표입니다.

유학의 전통적인 중심 개념으로 존중되어왔습니다.

부화뇌동을 통해
무엇을 배울 수 있을까?

◆ ◆ ◆

子曰 君子和而不同 小人同而不和

자왈 군자화이부동 소인동이불화

해석

공자께서 말씀하셨다. 군자는 조화를 이룰 줄 알지만 뇌동(어쩔 수 없이 타인에게 동조하는 일)하지 않는다. 소인은 뇌동하나 조화는 없다.

이 문장도 군자와 소인에 관한 문장이다. 훌륭한 사람은 도리를 잘 알고 있어서 누구와도 잘 지낼 수 있다. 하지만 자기 생각이 있어서 부화뇌동(명확한 자기 의견이 없어서 타인의 언동에 동조한다)은 하지 않는다.

소인은 누구에게나 동조하지만 진정한 벗이라고 말하기는 어렵다. 왜냐하면 조금이라도 친해졌다고 생각하면 뻔뻔해져서 상대에게 예의에 어긋나는 행동을 하기 때문이다.

비슷한 문장이 더 있다. 군자주이불비 소인비이부주子日 君子周而
不比 小人比而不周. '군자는 누구와도 교제할 수 있지만 소인은 자기
마음에 든 사람하고만 교제한다'라는 문장이다. 여기서 주周는 골
고루라는 의미로 널리 공평하다는 뜻이다. 비比는 마음에 든다는
의미다. 군자는 공평하게 누구와도 능숙하게 교제할 수 있지만 소
인은 좁은 가치관으로 파벌과 같은 것을 만들어 그때그때 일시적
인 방편으로 교제할 뿐이라는 말이다.

교제하는 상대가 소인일 경우에는 뭔가 문제가 생기거나 기분
나쁜 경험을 하기도 한다. 공자의 날카로운 관찰력은 현대인의 인
간관계에도 적용할 수 있다.

 자신의 견식이 없고, 오로지 남의 주장에 아무 생각 없이 동조하는 것(번개가 치면 거기에 반응해서 천지 만물이 함께 울린다는 의미)

	타인과 협조	자기 생각
군자	한다	있다
소인	하지 않는다	없다

 군자는 조화하지만 뇌동하지 않는다.
소인은 뇌동하지만 협조하지 않는다

 원 포 인 트

자신의 견식이 없고 타인의 언동에 아무 생각

없이 동조하는 모양을 '부화뇌동'이라고 합니다.

의심부터 하는 사람은
지혜로운 자라 할 수 없다

◆ ◆ ◆

子曰 不逆詐 不億不信 抑亦先覺者 是賢乎

자왈 불역사 불억불신 억역선각자 시현호

(해석)

공자께서 말씀하셨다. 처음부터 속이는 건 아닌지, 의심하는 건 아닌지 억측하지 않지만 남보다 먼저 깨닫는 사람은 현명한 사람이다.

현자에 대해 말하는 문장이다. 남보다 먼저 깨닫는 사람은 선견지명이 있는 두뇌 회전이 빠른 사람이라는 의미다. 그렇다고 해서 처음부터 자신을 속이는 건 아닌지 거짓말을 하는 건 아닌지 의심하고 덤비는 사람은 현자라고 할 수 없다.

처음부터 의심하고 덤비는 사람은 '인격자=현자'가 아니다. 현자란 머리가 좋아서 사물의 이면을 통찰할 수 있으며 인격자여야 한다. 『논어』에서는 군자에 대해 많이 이야기한다. 그밖에도 성인聖

人, 성자聖者, 인자仁者, 지자知者, 강자剛者, 성인成人, 선인善人 등이 있다(어떤 인물에 관한 이야기인지는 각 부분에서 설명하고 있다).

공자가 이상적으로 삼은 인간상은 성인聖人이다. 하지만 성인은 하나도 나무랄 데가 없는 사람이라서 누구나 될 수 있는 대상이 아니다.

그래서 완전한 성인을 목표로 수양하는 존재로 군자를 염두에 둔 것이다. 또한 군자와 비교해서 등장하는 소인은 수양하지 않는 하찮은 사람이다.

현자

현자 = 인격자.
머리 회전이 빨라서 처세술에 능한 사람

처음부터 의심하고 덤비는
사람은 인격자가 아니란다

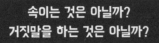

속이는 것은 아닐까?
거짓말을 하는 것은 아닐까?

현자 | 현자가 아니다

의심은 하지 않지만
남보다 빨리 깨닫는 사람

처음부터 의심하고
덤비는 사람

현자도 좋지만 열심히 배우고 노력하는
군자를 목표로 삼자

원 포 인 트

공자는 머리가 좋은 현자보다 노력으로 수양을

쌓는 군자에게 마음을 더 기울였습니다.

1
3
4

남을 탓하는 사람은
원한을 산다

◆ ◆ ◆

子曰 躬自厚 而薄責於人 則遠怨矣

자왈 궁자후 이박책어인 즉원원의

(해석)

공자께서 말씀하셨다. 자신을 엄하게 자책하고 남을 질책하기를 덜
하면 남에게 원망을 사는 일을 멀리할 수 있을 것이다.

어떤 일이 생겼을 때 바로 남 탓을 하는 사람이 있다. 사실 관계
를 제대로 알아보지도 않고 일단 남 탓부터 하는 사람이다. 그러한
사람은 남에게 원망을 사는 게 당연하다.

사실을 규명하는 과정에서 자신의 실수가 원인임을 알게 되어도
이미 원망을 사버린 후여서 남이 자신을 증오하거나 혐오해도 어
쩔 수 없는 노릇이다. 공자는 그러한 상황까지 염두에 두고 자신에
게 엄격하라고 말했다. 다른 부분에서도 제자인 번지가 덕에 대해

묻자 공자는 공기악 무공인지악 비수특여 攻其惡 無攻人之惡 非脩慝與

즉, '자신의 나쁜 점을 탓하고 타인의 나쁜 점을 탓하지 않음이 사특함을 없애는 것이 아니겠는가?'라고 답했다.

자신의 나쁜 점을 책망하는 일은 타인과의 관계를 원만하게 할 뿐만 아니라, 자신에게 있는 사특한 마음이 제거되어 덕을 높일 수 있다는 말이다. 남을 탓하기 전에 먼저 나를 탓하는 자세가 곧 자신의 덕을 높이는 것임을 알고 있으면 도움이 된다는 의미다.

논어

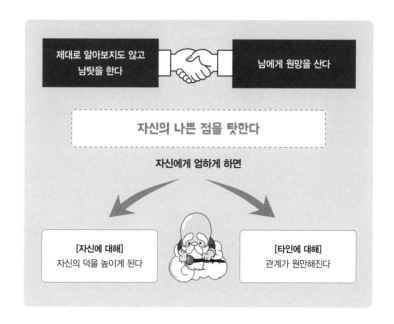

제대로 알아보지도 않고
남탓을 한다 🤝 남에게 원망을 산다

자신의 나쁜 점을 탓한다

자신에게 엄하게 하면

[자신에 대해]
자신의 덕을 높이게 된다

[타인에 대해]
관계가 원만해진다

원 포 인 트

어떤 일인지 알아보지도 않고 남 탓만 하는

사람은 남의 원망을 사는 처지가 된다.

공자라는 인물

공자는 기원전 552년(551년이라는 설도 있다)에 노나라에서 태어났다. 아버지는 노나라의 하급 무관이고, 어머니는 기도사(신과 인간을 연결하고 죽은 사람과 교류하는 업에 종사)였다고 한다. 공자의 성은 공孔, 이름은 구丘, 자(원복, 20살 때 붙은 이름)는 중니仲尼다. 기원전 479년까지 살아 있었다고 하니 향년 74살로 당시에는 매우 드물게 장수를 누렸다.

학문에 뛰어난 것은 물론이고 무술에도 정통해 문무를 겸비했다는 기록이 남아 있다. 19살에 결혼해서 리鯉라는 이름의 아들이 있었는데, 50살이란 나이에 공자보다 빨리 사망했다. 아내의 이름은 알 수 없고, 약력도 남지 않아서 공자와 언제까지 지냈고 언제 헤어졌는지에 대한 기록도 없다. 공자는 가족주의를 주창했지만 본인은 가족 덕이 없던 모양이다.

젊은 시절에는 하급 관리였다는 설도 있지만 확실하지 않고 오랫동안 불우한 시절을 보낸 듯하다.

공자는 30대에 각 지역을 돌면서 자기 사상을 설파하고 다녔다. 이때 이미 몇 명의 제자가 있던 것 같다. 제자를 받아서 본격적으로 교육을 시작한 나이가 40대고 세상에서 조금씩 인정받기 시작한 때가 50대라고 하니 지금 시대로 생각해도 늦게 피기 시작한 대기만성형 인물이라고 할 수 있다.

53살에는 노나라 사법관과 같은 관리직에도 있었지만 국정에 실망해서 10여 년 동안 유랑 생활을 하기도 했다.

그렇게 일생을 보낸 공자의 인생 중심에 있던 것이 학문임에는 틀림이 없으나 항상 인간의 도덕적 완성을 생각하며 진심이 담긴 남에 대한 배려를 생각했다. 『논어』에는 공자의 인간성이 그대로 드러난다고 해도 과언이 아니다. 이 책을 모두 읽을 때쯤이면 마음

공자의 키는 약 9척 6촌이라는 기록이 있다. 현재로 환산하면 2미터 이상이니 상당한 거한이었다

이 따뜻해지는 기분까지 들 것이다. 온화하면서 적절한 말이 여운이 되어 남는다.

▲ 일본 도쿄 유시마 성당에 있는 공자상

공자

- **출생**   기원전 522년
- **사망**   기원전 479년
- **시대**   중국 춘추 시대
- **출신지**   노나라
  아버지는 노나라의 하급 무관이고,
  어머니는 기도사였다고 한다.

공자의 자손으로 저명한 인물에 자사(공자의 손자),
공안국(11세손), 공융(20세손) 등이 있다. 공자의 자손
으로 칭해지는 사람은 많은데, 방계까지 더하면 현
재 400만 명을 넘는다고 하니 놀라운 일이다

인품을 알기 위해 봐야 할 포인트

子曰 視其所以 觀其所由 察其所安 人焉廋哉
자왈 시기소이 관기소유 찰기소안 인언수재

의미

공자께서 말씀하셨다. 그 사람의 행동을 보고, 그 사람의 경력을 잘 살피고, 그 사람이 편안히 여기는 바를 헤아려본다면 그 사람의 인격은 감추지 못한다. 감추기 어려운 것이다.

어떤 기회로 알게 된 사람과 교제할지 말지 판단할 때는 상대의 인격을 잘 살펴야 한다. 공자는 시視, 관觀, 찰察이라는 '본다'는 뜻의 글자를 세 번이나 사용해서 사람을 잘 보라고 말한다. 처음에 그 사람의 행동을 보고, 다음에는 살아온 경력을 살피고, 그리고 어떤 것을 편안히 여기는지를 잘 헤아린다면 그 사람의 인격을 파악할 수 있다는 의미다.

안다는 것

子曰 由 誨女知之乎 知之爲知之 不知爲不知 是知也
자왈 유 회여지지호 지지위지지 부지위부지 시지야

의미

공자께서 말씀하셨다. 유由야, 너에게 안다는 것의 의미를 가르쳐주겠다. 아는 바는 안다 하고, 모르는 바는 모른다고 해야 한다. 그것이 진정으로 안다는 것이다.

유(공자의 제자 자로)는 공자가 가장 사랑했다는 제자다. 공자는 그러한 유에게 자상하게 이야기한다. 사람은 모르는 바를 아는 체하면서 허세를 부리고 싶어지기 마련이다. 모르는 바를 모른다고 솔직하게 인정하면 마음이 편해지고, 정직한 사람으로 남에게 신뢰를 받기도 한다. 진정으로 안다는 것은 모르는 바는 모른다고 인정하는 것이라고 공자는 말한다.

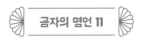

세 사람이 모이면 반드시 스승이 있다

子曰 三人行 必有我師焉 擇其善者而從之 其不善者而改之
자왈 삼인행 필유아사언 택기선자이종지 기불선자이개지

의미

공자께서 말씀하셨다. 세 사람이 행동을 함께하면 그곳에는 반드시 스승이 있다. 선한 사람을 택해서 좋은 점을 배우고, 선하지 못한 사람을 통해서 나를 돌아보고 좋지 못한 것을 고쳐야 한다.

세 사람이 모이면 반드시 스승이 있다. 사람이 세 명 모이면 그 중에는 스승이 될 만한 사람이 있으니 본보기로 삼아야 한다고 말한다. 반대로 반면교사가 될 사람도 있으니 자신의 삶에 참고하면 좋다는 뜻이다. 아무리 많은 사람이 모여도 그냥 요란스럽기만 하면 단지 오합지졸일 뿐이다. 어디서 무엇을 하든 배울 마음만 있다면 사람은 배울 수 있다는 뜻이다.

5장

정치란?

정의에 따라
유연한 대응으로

◆ ◆ ◆

子曰 君子之於天下也 無適也 無莫也 義之與比

자왈 군자지어천하야 무적야 무막야 의지여비

(해석)

공자께서 말씀하셨다. 군자가 세상일을 대함에 있어서는 거역할 일도 없고 애착할 일도 없다. 오직 의에 맞는지 아닌지를 밝혀서 따를 뿐이다.

의義는 올바른 도리라는 의미가 있는 단어다. 정의와 마찬가지라고 생각해도 좋을 것이다.

정치를 위해서는 반발하거나 고집을 부리는 등 개인적인 감정을 표출하지 않고 임기응변으로 대응하는 능력이 필요하다는 뜻이다. 사물에 고집을 부리면 공평한 판단이 되지 않기 때문에 정의만을 따라서 유연하게 대응하는 자세가 좋다고 말한다.

분명 정치를 할 때 어떤 생각이 개입되면 편향된 생각이 공평하지 못한 판단으로 이어질 우려가 있다. 위정자는 유연한 머리와 가슴을 갖추고, 임기응변에 따른 판단력을 가진 사람이 적합하다는 의미다.

다른 장에는 자절사 무의 무필 무고 무아 子絶四 毋意 毋必 毋固 毋我 라는 문장이 있다. 공자에게는 누구에게나 흔히 있는 네 가지 문제점이 없었다는 뜻이다(고집을 부리지 않았고, 무리하지 않았으며, 집착하지 않았고, 아집도 부리지 않았다).

있는 그대로를 받아들이고 사리사욕과 거리가 먼 고결한 인품을 지녔던 공자의 눈에 지금의 위정자는 어떻게 보일지 묻고 싶다.

공자에게는 사람에게 흔히 있는
네 가지 문제점이 없었다

 억億의 추측하다와 같은 뜻.
이리저리 추측해서 상대의 생각을 억측한다.
고집을 부린다는 의미

 사물을 관철한다.
'말에는 반드시 진실이 있고, 행동은 반드시 해낸다'의
반드시에서 무리한다는 의미

 완고하다, 고루하다.
어떤 것은 절대 하지 않는다, 수용하지 않는다는 뜻.
완고하게 자신을 지킨다는 의미

 자기중심적, 제멋대로.
자기 생각대로 행동한다.
자기만을 내세우는 것

원 포 인 트

정치는 오직 정의에 따라 절대 한쪽으로

치우치지 않는 유연한 대응이 중요합니다.

논어

따르게 할 수 있어도
이해시키기는 어렵다

◆ ◆ ◆

子曰 民可使由之 不可使知之

자왈 민가사유지 불가사지지

(해석)

공자께서 말씀하셨다. 백성을 통치에 따르게 할 수 있어도 그것을 이해시키기는 어렵다.

자주 회자되는 구절이다. 일반적으로 '백성에게는 정책이나 방침을 따르게 하면 될 뿐이지 그 이유까지 설명할 필요가 없다'라는 뜻으로 이해되는데, 이와 같은 해석은 백성을 어리석은 자로 여긴다는 의미가 된다. 정책은 지도자 위치에 있는 사람만 이해하면 된다는 생각은 봉건적인 발상이다.

불가사지지不可使知之라는 표현을 '알려서는 안 된다'라고 해석하면 안 된다. 이해시키는 것이 어렵다는 의미로 해석해야 한다.

국민은 정치 방침, 정책 등의 내용을 이해한 후에 따라야 마땅하지만 현실적으로 정치 내용을 알리기 어렵다. 그렇게 해석하는 것이 『논어』의 본래 주장이 아닐까? 게다가 강제해서도 안 된다고 덧붙이기도 한다. 현대 사회에 맞춰서 생각해 보면 정치 내용이 어떻게 돌아가는지 이해하지 못하면 오히려 방침과 정책을 따를 수 없을 듯한데, 이러한 생각은 시대의 변화에 따라 달라진 해석일 수도 있다.

해석 방법이 문제가 되는 부분

백성을 어리석은 자로 여기면 (봉건적인 해석)

⬇

백성에게는 정책이나 방침만 따르게 하면 된다
이유까지 설명할 필요는 없다

『논어』 본래의 주장: 백성은 정책이나 방침 등의
내용을 이해한 후에 따라야 마땅하지만
현실적으로는 정치 내용을 알리기 어렵다

원 포 인 트

백성에게는 정책을 설명해야 하지만

현실적으로는 그 내용을 알리기가 어렵습니다.

소송 없는 사회가
이상적인 사회다

◆ ◆ ◆

子曰 聽訟 吾猶人也 必也使無訟乎

자왈 청송 오유인야 필야사무송호

(해석)

공자께서 말씀하셨다. 남의 송사를 듣고 판단하는 일은 나도 다른
이와 같다. 하지만 나는 그 전에 송사가 일어나지 않게 하고 싶다.

공자가 사법부 장관이던 적이 있다. 아마도 법정에서 재판 광경
을 본 공자는 판결을 내리는 일에 대해 자신에게는 남과 다른 특별
한 재능은 없다고 깨달은 것이리라.

그러나 공자는 소송이 없는 사회를 만들고 싶다고 말했다. 범죄
는 사회 모습과 관계가 있다고 깨달은 공자다운 말이다.

공자는 사람은 태어났을 때는 모두 동등하지만 이후 학문이나
교육에 따라 큰 차이가 생긴다고 생각했기 때문에 교육에 힘을 쏟

으려고 했다. 한 사람 한 사람이 좋아지면 사회 전체의 치안이 좋아지고 범죄나 소송도 없어지는 게 당연하다. 대처법에만 애쓰지 말고, 원리 원칙부터 바꿔야 한다는 생각이다.

위정자는 재판에 대해 생각하지 않고 재판이 필요 없는 사회를 만들기 위해 정치를 해야 한다. 이러한 태도는 오늘날 정치와 관련된 사람들도 크게 본받을 점이다.

법정에서 재판하는 모습을 보던 공자는
판결에 특별한 재능이 없다고 깨달았다

그러나

공자는 소송이 없는 사회를 만들고 싶다고 생각했다

공자는 학문이나 교육에 힘을 쏟으면
한 사람 한 사람이 좋아져서
사회 전체의 치안도 좋아진다고 생각했다.

원 포 인 트

공자가 생각하는 이상적인 국가는 사람이 사람을

재판하지 않는 사회고, 그러한 사회가 완성된

사회라고 생각했습니다.

도둑을 걱정하면서
배우는 것

季康子患盜 問於孔子 孔子對日 苟子之不欲 雖賞之不竊

계강자환도 문어공자 공자대왈 구자지불욕 수상지부절

(해석)

이강자가 (국내의) 도적을 걱정해서 공자께 물었다. 공자께서 말씀
하셨다. 네가 욕심이 없다면 백성도 너에게 감화받아서 만약 도둑에게
상을 내린다고 해도 (아무도) 도둑질을 하지 않을 것이다.

이강자(노나라 관료)는 공자의 제자 염구, 자공, 자로 등을 임용했
다. 공자에게도 몇 번이나 질문을 하는데, 위 문장은 그 질문 중 하
나다.

이강자는 아버지 이환자의 뒤를 이어 노나라 관료가 되었다. 노
나라를 빼앗았다고 하는 이씨 일족의 가계다. 노나라의 정권을 훔
친 인물이 도적을 우려하고 있으니 공자는 엄중하게 말하는 것이
다. 결국 윗사람이 도둑이면 아래에서도 도둑이 늘어나는 법이라

는 의미다.

공자는 정치를 좋게 하기 위해서는 윗사람인 위정자가 솔선해서 옳은 일을 실천해야 한다고 생각했다. 그러면 따르는 사람들이 감화를 받아 나라가 좋아진다는 것이다. 어떤 일에든 규범을 보이면 치안이 좋아진다고 생각했다. 또한 중국인이 생각하는 이상적인 정치란 굳이 명령이나 요청을 하지 않아도 위정자가 옳은 일을 하면 백성도 저절로 올바른 방향으로 향하면서 사회 전체가 좋아지는 것이라고 보는 관점이 드러난다.

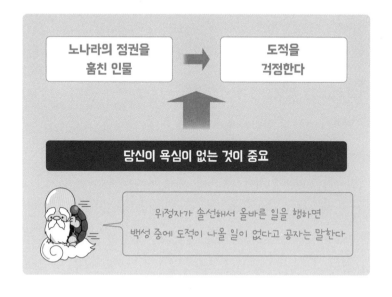

노나라의 정권을
훔친 인물 ➡ 도적을
걱정한다

당신이 욕심이 없는 것이 중요

위정자가 솔선해서 올바른 일을 행하면
백성 중에 도적이 나올 일이 없다고 공자는 말한다

윗사람이 도적이다

⬇

아래에서도 도적이 늘어난다

더 나은 정치를 위해서는 윗정자가 솔선해서 올바른 행동을 실천하면 따르는 아랫사람도 감화를 받아서 나라가 좋아진다고 공자는 생각했다.

어떤 일에든 규범을 보여주면 치안은 좋아집니다

원 포 인 트

올바른 일을 하는 사람이 늘어나면 사회 전체가

좋은 방향으로 향하기 마련입니다.

157

자신의 판단이
중요하다

◆ ◆ ◆

子曰 衆惡之必察焉 衆好之必察焉

자왈 중오지필찰언 중오지필찰언

해석

공자께서 말씀하셨다. 대중이 싫어하는 사람이라도 어떤 이유에서 싫어하는지 판단해야 한다. 마찬가지로 대중에게 인기가 있는 사람도 단순히 아첨하는 것인지 모르니 잘 판단해야 한다.

왜 그러한지 특별한 이유도 없이 사람들이 선호하지 않는 정치인이 있다. 그렇다고 근거도 분명하지 않는데 사람들이 싫어한다고 해서 자신도 싫어하는 것은 좋지 않다.

반대로 많은 사람이 좋아하는 정치인이라고 해서 좋은 사람이라고 판단하는 것도 옳지 않다. 포퓰리즘(민중주의)에서는 정치 목적을 달성하기 위해서 민중을 동원하는 수법도 필요하기 때문에 말만 번지르르한 정치인이 상당히 인기가 있다.

　대의 민주제에서는 어떤 정치인을 뽑을지 각자 개인의 판단에 따른다. 남이 좋은 정치인이라고 해서 판단하는 게 아닌, 자신이 납득한 훌륭하다고 생각하는 정치인을 선택하는 안목이 중요하다.

　훌륭한 정치인이란 말을 잘하는 사람이 아니다. 말솜씨가 뛰어난 사람은 인기는 있다. 하지만 진정으로 훌륭한 정치인은 행동이 훌륭해야 한다.

왜 싫어하는지를 자신이
판단해야 하느니라

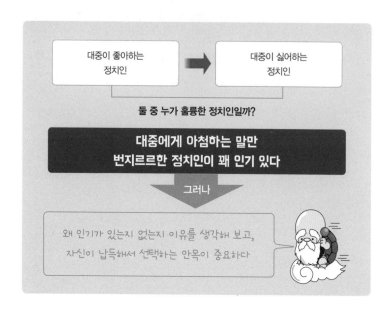

대중이 좋아하는 정치인 → 대중이 싫어하는 정치인

둘 중 누가 훌륭한 정치인일까?

**대중에게 아첨하는 말만
번지르르한 정치인이 꽤 인기 있다**

그러나

왜 인기가 있는지 없는지 이유를 생각해 보고,
자신이 납득해서 선택하는 안목이 중요하다

원 포 인 트

말을 잘하는 사람이 좋은 정치인이라고 단정할 수 없

습니다. 진정한 정치인은 행동이 훌륭해야 합니다.

시부사와 에이치의
『논어와 주판』

1980년에 일본 사이다마현 후카야시에서 태어난 시부사와 에이치는 일본 자본주의의 아버지로 불리는 실업가다. 한평생 관련한 기업의 숫자가 500개나 된다고 한다.

시부사와는 1916년에 『논어와 주판』을 저술했다. 한쪽 손에는 『논어』 다른 한 손에는 주판 즉, 사업과 도덕·윤리를 겸해야 한다고 제창했다. 사업의 목적은 오로지 이익을 내는 것에 있고, 어떤 수단과 방법을 동원해서라도 이익을 낸다는 생각에 경종을 울렸다.

시부사와 에이치는 경제 철학으로 '사람이 살아가는 도리와 사업을 하는 마음가짐과 태도'를 이야기했다

당시에는 돈을 다루는 일은 천박하다거나 천하게 여겨졌다. 그도 그럴 것이, 돈에 눈이 멀어 도덕이나 윤리관을 상실해 하찮은 범죄를 저지르는 사람이 있었기 때문이다. 그래서 돈에 집착하는 일은 천하다고 여겨져 경멸의 대상이 되었다. 이러한 현상은 비단 일본만이 아닌 서구 여러 나라에서도 마찬가지였다.

그러한 시대에 평생 자신의 업으로 사업을 선택한 시부사와였지만 경제 활동은 사리사욕을 위해서가 아닌 사회와 국가를 위해서라는 신념으로 사업에 몰두했다.

『논어와 주판』에서는 경제와 도덕은 상반되지 않고 일치한다는 도덕경제합일설을 논하면서 사업 본연의 자세를 제시했다. 메이지 시대, 그리고 경제 또는 사업에 대한 인식이 아직 부족하던 시절에 시부사와는 자본주의가 안고 있는 문제까지 깊이 생각했다고 보이는 내용이다.

경제 활동, 사업을 일으켜도 그것을 계속 이어갈 수 있을지 못할
지는 단순히 경제의 문제만은 아니다. 기업의 근본적인 성공 비결
을 '사람의 본연의 자세'로 여긴다는 점에서 현대 사회에서도 충분
히 통용되는 책이다.

시부사와 에이치渋沢栄一
- **출생**   1840년 3월 16일
- **사망**   1931년 11월 11일(만 91살)
- **출신**   사이다마현 후카야시

1916년에 『논어와 주판』을 저술하고, 도덕경제합일설이라는 이념을 내놓았다. 이것은 유소
년기에 배운 『논어』를 바탕으로 윤리와 이익을 양립해서 경제를 발전시킨 철학이다. 그는
이익을 독점하지 않고 나라 전체를 풍요롭게 하려면 부는 전체가 공유해야 하고 사회에 환
원해야 한다고 주장했다.

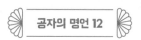

정직한 삶은
인간의 본능

子曰 人之生也直 罔之生也幸而免
자 왈   인 지 생 야 직   망 지 생 야 행 이 면

의미

공자께서 말씀하셨다. 사람이 살아가는 데는 도리가 있다. 도리란 정직하고 바른 것을 말한다. 만약 정직해도 바르게 살아가지 않는 사람이 있다면 단지 운이 좋아서 도움을 받는 것일 뿐이다.

사람에게는 정직한 삶이 중요하다고 말한다. 공자는 사람은 본래 정직하게 태어났지만 이후 학습이나 삶의 방식에 차이가 생기면서 인생이 크게 달라진다고 생각했다. 공자께서 말씀하셨다. 성상근야 습상원야性相近也 習相遠也. '사람은 태어났을 때는 모두 비슷하지만 이후 학습에 따라 크게 달라진다'라는 뜻이다. 좋은 인생을 걸어가기 위해서는 배움이 중요하다.

164

6장

마음을 담는 것이란?

예의범절에는 마땅히
마음을 담아야 한다

◆ ◆ ◆

子曰 人而不仁 如禮何 人而不仁 如樂何

자왈 인이불인 여례하 인이불인 여락하

해석

공자께서 말씀하셨다. 사람이 상대를 헤아리는 마음이 없다면 예를 따진들 아무 소용이 없다. 사람이 상대를 헤아리는 마음이 없으면 조화를 이룰 수 없으니 악樂이라 할 수 없다.

예는 예의범절을 말하고, 악은 예에 맞춰 반주하는 음악을 말한다. 예도 악도 공자가 제자들에게 가르친 것인데, 둘 다 형태만 남아서 상대를 헤아리는 마음이 없다면 아무 의미가 없다고 말한다.

아무리 행동과 말에 예의를 갖추었다고 해도, 기술적으로 뛰어난 음악이라고 해도 형식만 있으면 안 된다. 남을 헤아리고 배려하는 마음 즉, 인仁이 담겨 있어야 한다는 뜻이다.

168

『논어』에서는 인이 반복적으로 언급된다. 왜냐하면 공자는 인을 인격 형성의 기본으로 생각했기 때문이다. 그래서 남을 사랑하는 마음을 배운 후에 학문을 해야 한다고 말했다.

예는 사회적 관습으로 예의범절이라고 생각하면 된다. 예의까지도 인을 담아 배워야 한다고 가르친다.

현대 사회의 아이들에게 가르칠 것은 공부 이전에 남을 헤아리는 마음이나 예의범절일지도 모른다. 부모가 아이를 교육하는 데에도 크게 도움이 될 공자의 가르침 중 하나다.

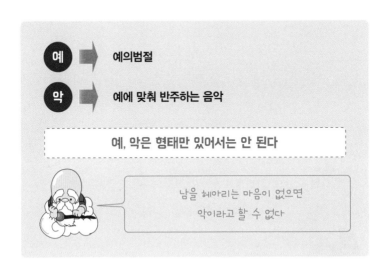

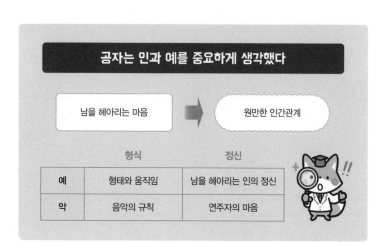

공자는 인과 예를 중요하게 생각했다

남을 헤아리는 마음 ➡ 원만한 인간관계

	형식	정신
예	형태와 움직임	남을 헤아리는 인의 정신
악	음악의 규칙	연주자의 마음

원 포 인 트

예의범절은 형식만 고집해서는 안 됩니다.

마음을 담은 예의범절이어야 의미가 있습니다.

논어

부모님을 생각하는 마음을
잊어서는 안 된다

◆ ◆ ◆

子曰 父母之年 不可不知也 一則以喜 一則以懼

자왈 부모지년 불가부지야 일즉이희 일즉이구

해석

공자께서 말씀하셨다. 사람은 부모의 나이를 알지 못해서는 안 된다. 하나는 장수하시는 것이 기뻐서고, 또 하나는 나이 들어가시는 것을 염려해서다.

연로하신 부모님과 떨어져 생활하는 사람에게는 가슴에 사무치는 문장이 아닐까? 매년 반드시 찾아오는 부모님의 생신에는 '벌써 이 연세가 되셨나?', '앞으로 몇 년이나 건강하게 계실까?'라는 생각을 하지 않을까?

다른 장에서 공자는 제자들이 효(효행)에 대해 묻자 다음과 같이 대답한다. 맹무백문효 자왈 부모유기질지우孟武伯問孝 子曰 父母唯其疾

之憂. '맹무백이 효를 묻자 공자께서 말씀하셨다. 부모에게는 오직 자신의 몸만 걱정하시게 하거라'라고 말이다.

자유문효 자왈 금지효자 시위능양 지어견마 개능유양 불경 하이별호子游問孝 子曰 今之孝者 是謂能養 至於犬馬 皆能有養 不敬 何以別乎. 또한 자유가 효를 묻자 공자께서 '지금 사람들이 생각하는 효는 오직 의식주에 걱정 없이 부양하는 것을 말하지만 부양은 개나 말도 다 한다. 존경심이 없다면 효는 부양과 다르지 않다'라고 말했다.

공자는 3살 때 아버지를 여의었다. 어머니는 공자가 24살 때 돌아가셨다. 젊어서 부모님을 잃은 공자의 심경이 묵직하게 와닿는 이유는 효도하고 싶을 때 부모님이 안 계신다는 옛말 그대로기 때문이다.

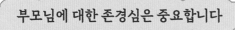

부모님에 대한 존경심은 중요합니다

부모님에게는 오로지 자신의 몸만 걱정하시게 하거라

사람들이 생각하는 효는 단지 의식주 걱정 없이 부양하는 것을 말하지만 존경심이 없다면 개나 말과 다르지 않다

공자의 심경에 딱 들어맞는 옛말

효도하고 싶을 때 부모님이 안 계신다

원 포 인 트

공자는 젊어서 부모님을 잃었기 때문에

부모님에 대한 고마움이 더욱 강했습니다.

1
7
3

지智·인仁은
우리에게 무엇을 가르칠까?

◆ ◆ ◆

樊遲問知 子曰 務民之義 敬鬼神而遠之 可謂知矣 問仁
曰 仁者先難而後獲 可謂仁矣

번지문지 자왈 무민지의 경귀신이원지 가위지의 문인

왈 인자선난이후획 가위인의

해석

번지가 지혜로움에 관해서 물었다. 공자께서 말씀하셨다. 사람으로
올바른 길을 가기 위해 노력하고, 귀신은 공경하되 멀리한다면 그것이
지혜로움이다. 번지는 인이 무엇인지에 관해서도 물었다. 공자는 인을
갖춘 사람은 사욕이 없어서 처음에는 어려운 의무를 다하고 이익이 되
는 일은 나중에 한다. 그리하면 인이라 할 수 있다고 답했다.

여기에서도 공자는 귀신의 세계는 존경하더라도 추구하지 않는
것이 지혜로움이라고 말한다. 이 문장에서 '귀신은 공경하되 멀리

한다'라는 부분은 유명하다. 즉, 신에 의지하지 말라는 말이다. 샤머니즘과도 다르지 않다는 의미로, 공자는 합리적으로 생각했음을 알 수 있다.

인에 대해서는 다른 부분에서도 번지가 질문하자 남을 사랑하라고 간단명료하게 대답한다. 상대에 맞춰 대답하는 공자였으니 조금 둔한 번지에게는 쉬운 말로 대응한 것이다.

이 문장에서는 어렵다고 생각하는 일을 먼저 하고, 이익이나 명성을 얻는 일은 나중에 하는 것을 인이라고 가르친다.

지혜로움이란 사람으로 올바른 길을 가기 위해
노력하며 귀신을 공경하지만 멀리한다는 의미니라.
인이란 처음에는 어려운 의무를 다하고
이익이 되는 일은 나중에 하는 것이니라

지智 ➡ 귀신의 세계를 존경하되 추구하지 않는다

귀신을 멀리 한다(합리적으로 사고한 공자)

인仁 ➡ 국가의 어려움에 의무를 다하고 이익은 뒤로 한다

간단명료하게 설명하면 남을 사랑하는 것

원 포 인 트

공자는 합리적으로 사고한 사람이기 때문에

신에 의지하지 않았습니다.

논어

마음가짐으로
달라지는 인생

◆ ◆ ◆

子曰 君子坦蕩蕩 小人長戚戚

자왈 군자탄탕탕 소인장척척

해석

공자께서 말씀하셨다. 군자는 평안하고 여유롭지만 소인은 항상 근심하며 노심초사한다.

탕탕蕩蕩은 넓고 여유로운 모습을 뜻한다. 척척戚戚은 걱정 근심하는 모습을 가리킨다.

수양을 쌓은 사람은 인격을 갖추어 작은 이해나 득실에 연연하지 않기 때문에 여유로운 태도를 취한다. 마음의 수양을 하지 않은 사람은 항상 사사로운 이익이나 득실에만 사로잡혀서 노심초사하고 소심하다.

같은 것을 봐도 행복하다고 느낄지 불행하다고 느낄지는 사람

1
7
7

에 따라 다르다. 그 느낌의 차이는 바로 마음가짐에서 비롯된다. 마음가짐 하나로 인생을 여유롭게 살 수 있다면 소인의 삶보다 군자의 삶을 살고 싶지 않을까.

『논어』에서는 군자와 소인이 자주 대비되는데, 군자가 될 수 있다면 군자가 되고 싶은 생각이 들게 하는 말이 많다.

공자가 이상적으로 생각한 사람은 완전무결한 성인인데, 제자들은 성인이 되기는 어려워도 소인으로 살고 싶지 않다는 각오로 군자를 목표로 삼아 학문에 매진했음이 틀림없다.

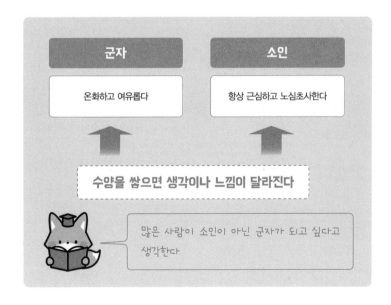

군자
온화하고 여유롭다

소인
항상 근심하고 노심초사한다

수양을 쌓으면 생각이나 느낌이 달라진다

많은 사람이 소인이 아닌 군자가 되고 싶다고 생각한다

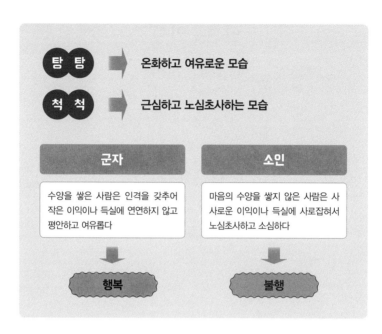

탐 탐 ➡ 온화하고 여유로운 모습

척 척 ➡ 근심하고 노심초사하는 모습

군자	소인
수양을 쌓은 사람은 인격을 갖추어 작은 이익이나 득실에 연연하지 않고 평안하고 여유롭다	마음의 수양을 쌓지 않은 사람은 사사로운 이익이나 득실에 사로잡혀서 노심초사하고 소심하다
⬇	⬇
행복	불행

원 포 인 트

수양을 쌓은 사람은 작은 일에 연연하지 않고
항상 마음이 느긋하고 여유가 있습니다.

인본주의를
관철한 공자

◆ ◆ ◆

廐焚 子退朝 曰 傷人乎 不問馬

구분 자퇴조 왈 상인호 불문마

해석

마구간에서 불이 났다. 조정에서 퇴근하여 그 소식을 들은 공자께서 말씀하셨다. 다친 사람은 없느냐고. 말에 대해서는 묻지 않았다.

마구간에 불이 났다고 들었을 때 가장 먼저 떠오르는 것은 말의 손상 여부가 아닐까. 당시 말은 상당한 재산 가치가 있었다. 그런데 공자는 말에 대해서는 일절 묻지 않고 사람의 안전을 신경 썼다. 이러한 점이 공자의 군자다운 모습이다. 사람을 소중하게 생각하는 마음, 인의 마음을 갑작스러운 상황에서 발휘할 수 있는 자세에 제자들은 감동했다.

짧은 문장이지만 응축된 내용으로 강한 인상을 남긴다. 인의 마음 그리고 실행하는 마음, 모두 범인에게는 어려운 일이다.

언젠가 제자 사마우가 공자에게 "사람들에게는 모두 형제가 있는데 저만 없습니다" 하고 말하자, 그것을 들은 자하가 "형제가 없는 것은 운명이기에 어쩔 수 없으나 남을 자애하고 덕을 베풀면 그 사람들과 형제처럼 될 수 있습니다"라고 답한 적이 있다. 공자의 가르침이 자하에게 잘 계승되었음을 알 수 있는 대목이다.

마구간이 불에 탔다 ➡ 말은 어찌 되었나?

공자는 말의 손상 여부보다 먼저 사람의 안전을 걱정

인간을 소중하게 생각하는 마음인 인의
마음이 순간적으로 발휘되었다

공자가 군자인 이유 = 제자들에게도 사람을
소중히 여기는 마음을 가르쳤고, 인의 마음은
공자를 통해 계승되었다

원 포 인 트

항상 사람을 가장 중시하는 자세로 인본주의를

주창하던 공자였기에 더욱 많은 제자의 마음에

울림이 있던 것입니다.

1
8
2

'논어를 읽되 논어는 모른다'의
의미는?

일본 속담에 '논어를 읽되 논어는 모른다'라는 말이 있다. 책을 읽고 내용을 이해해도 일상에서 구체적으로 반영하거나 실천하지 못한다는 의미다. 책에 적힌 내용을 지식으로 이해할 수 있어도 그 것을 살려서 실행하지 못하는 사람을 조소하는 표현으로 쓰인다.

『논어』는 실천적 이론성을 겸비한 책의 성격으로 봐서 다른 책보다 더욱 실천에 대한 기대치가 높은 것이리라.

간단명료한 말로 표현되었고, 읽는 사람 각자의 해석에 따라 어떤 상황에도 적용할 수 있는 내용이기에 실제 생활 또는 비즈니스에 응용하는 데 어렵지 않은 말이 『논어』에는 가득하다. 사실 『논어』를 실천해온 선인들은 많다.

독서를 좋아하는 사람은 지식이 풍부하고 정보에도 환하다. 관심이 있는 일에 대해 더 자세하게 알고 싶거나 뭔가 해답을 얻고 싶을 때 책으로 해소 가능한 경우는 의외로 많다. 사람에 따라서 또는 상황에 따라서 독서를 즐기는 방법은 다르기 마련이지만 독서의 매력에 빠지면 적어도 독서 후에 정신적인 만족감을 얻거나 삶의 자세에도 영향을 미치게 된다.

책에서 많은 것을 배울 수 있다. 즉, 지식이 늘어난다. 또한 자신이 좋아하는 책을 읽는 즐거움이 있다. 게다가 자신이 미처 깨닫지 못했던 정보나 몰랐던 정보도 얻을 수 있다.

『논어』도 예외는 아니다. 『논어』에 실린 말들은 읽기만 해도 즐겁다. 하지만 읽는 동안 감탄했던 여운만 남기고 잊어버리기에는 '논어를 읽되 논어는 모른다'가 되는 꼴이니 안타까울 뿐이다.

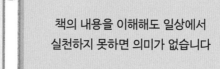

책의 내용을 이해해도 일상에서
실천하지 못하면 의미가 없습니다

'논어를 읽되 논어는 모른다'가 되지 않기 위해서는

독서를 한다

지식이 늘어난다 　　즐겁다　　 정보를 얻는다

생활에 반영한다　　실천한다

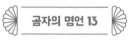

공자의 명언 13

천명을 자각하는 삶

孔子曰 不知命 無以爲君子也
공자왈 부지명 무이위군자야

不知禮 無以立也 不知言 無以知人也
부지례 무이립야 부지언 무이지인야

의미

공자께서 말씀하셨다. 천명을 알지 못하면 군자라고 할 수 없다. 예를 알지 못하면 세상에서 바로 설 수 없다. 말을 이해하지 못하면 사람을 알 수 없다.

하늘에서 부여받은 사명이라는 의미의 '천명'은 운명으로 바꿔 쓸 수 있다. 천명을 자각해서 남에게 도움이 되는 삶을 살기 위한 노력이 훌륭한 삶의 자세다. 그러한 삶을 위해서는 예를 잘 배우고, 남의 말을 새겨듣는 것이 중요하다고 말한다. 천명을 자각하면 사람은 겸허해진다. 조금이라도 남에게 도움이 되는 삶, 그러한 삶의 자세를 마음에 새긴다면 공자가 생각한 좋은 세상이 될 것이다.

186

- 논어(金谷治·岩波文庫)

- 공자의 일생과 논어(緑川佑介·明治書院)

- 공자의 일생(三戸岡道夫·栄光出版社)

- 나카노 고지의 논어(中野孝次·海竜社)

- 논어입문(谷沢永一·幻冬舎)

- 논어(岬龍一郎·PHP研究所)

- 마음을 울리는 논어(中村信幸·永岡書店)

- 신논어학(孔健·集英社インターナショナル)

- 중국고전 명언사전(諸橋轍次·講談社学術文庫)

- 논어와 공자 사전(江連隆·大修館書店)

- 속담, 고사성어, 관용구 사전(田島諸介·梧桐書林)

- 「논어」의 말(개인 편집부 KKベストセラーズ)

- 인생은 논어를 통해 밝힌다(谷沢永一 / 渡辺昇一·PHP研究所)

- '논어' 명언집(齋藤孝·プレジデント社)

- 지식 제로부터 논어(谷沢永一/古谷三敏·幻冬舎)

- 처음부터 알고 싶다! 논어(佐久協監修·西東社)

- WEB 관련 각 항목 관련 사이트 외

논어

1판 1쇄 인쇄 2024년 12월 3일
1판 1쇄 발행 2024년 12월 13일

감수 야마구치 요지
옮긴이 양지영

발행인 양원석 **책임편집** 김희현
디자인 강소정, 김미선 **영업마케팅** 윤송, 김지현, 이현주, 유민경

펴낸 곳 ㈜알에이치코리아
주소 서울시 금천구 가산디지털2로 53, 20층 (가산동, 한라시그마밸리)
편집문의 02-6443-8846 **도서문의** 02-6443-8800
홈페이지 http://rhk.co.kr
등록 2004년 1월 15일 제2-3726호

ISBN 978-89-255-7426-4 (03140)